Haim Shapira

Glück und andere Kleinigkeiten von absoluter Wichtigkeit

Autor

Haim Shapira ist 1962 im litauischen Wilna geboren und im Alter von vierzehn Jahren nach Israel emigriert. Er lehrt an der Universität von Tel-Aviv und anderen führenden Universitäten Mathematik, Psychologie, Philosophie und Literaturwissenschaften. Als Autor von bisher sieben Bestsellern sieht er seine Aufgabe nicht in erster Linie darin, die Leser von seinen Thesen zu überzeugen, sondern vielmehr darin, sie zum Selbstdenken anzuregen. In Vorträgen auf der ganzen Welt fasziniert er sein Publikum mit seinen Ausführungen zu Kreativität, Spieltheorie, Philosophie, Glück und Optimismus, Nonsens und Verrücktheit, Phantasie sowie Freundschaft und Liebe. Nebenbei ist Haim Shapira ein begnadeter Pianist und leidenschaftlicher Sammler schöner Dinge.

Glück und andere Kleinigkeiten von absoluter Wichtigkeit

HAIM SHAPIRA

EISELE

Besuchen Sie uns im Internet:
www.eisele-verlag.de

Für meine Frau Daniela
und meine Töchter Tal und Inbal

Die englische Originalausgabe *Happiness and other small things of absolute importance* erschien 2016 bei Watkins, einem Imprint der Watkins Media Limited, London.

MIX
Papier aus verantwortungsvollen Quellen
FSC® C083411

Gesetzt aus der Scala
Satz: L42 AG, Berlin
Druck und Bindearbeiten: CPI books GmbH, Leck
Printed in Germany
ISBN 978-3-96161-002-0

INHALT

OUVERTÜRE

Im Laufe der Jahrhunderte haben sich viele Menschen Gedanken über die fundamentalen Fragen der menschlichen Existenz gemacht. Dieses Buch ist eine Art Reise durch das Tal der großen Fragen, auf der uns zu unserem besseren Verständnis allerlei kluge Köpfe und Denker sämtlicher Glaubensrichtungen, Nationen und Generationen begleiten werden.

So werden uns auf unserem Weg unter anderem Antoine de Saint-Exupéry und Jane Austen, Ludwig Wittgenstein und Lewis Carroll begegnen, aber auch Sigmund Freud, Seneca und Vincent van Gogh, Katharine Hepburn und Simone Weil, König Solomon, Rabindranath Tagore und Wisława Szymborska, Friedrich Nietzsche und Lew Tolstoi, um nur einige zu nennen.

Wir werden von einem Quiz hören, in dem es um die Bedeutung des Lebens geht, untersuchen, warum Zahlen so wichtig sind, und erfahren, wie viel Land Tolstoi benötigte, um glücklich zu sein. Wir werden Frauen fragen, was sie glücklich macht, und herausfinden, warum Männer von ihren Antworten so überrascht sind. Wir werden den Zusammenhang zwischen Lehre und Leere erforschen und hören, was Mark Twain zum Thema Wut zu sagen hatte. Epikur wird uns sein Rezept für ein glückliches Leben verraten, und der Fuchs wird den kleinen Prinzen in Sachen Liebe und Freundschaft unterrichten.

Mein kleines Buch soll Ihre Einstellung zu fast jedem Lebensbereich ändern – und insbesondere die zum Thema Glück. Aber ohne Fleiß kein Preis – Leser, die das Beste aus diesem Werk herausholen wollen, müssen aktiv werden, etwa indem sie Teile des Texts fortschreiben, etwaige Fehler korrigieren und Gedanken, die ihnen gefallen, weiterspinnen.

Die Reise ins Land der Dinge, auf die es im Leben wirklich ankommt, ist eine ernste und lebensverändernde Angelegenheit, trotzdem darf der Spaß nicht auf der Strecke bleiben. Und da ich im Laufe meines Lebens die Erfahrung gemacht habe, dass sich Ernst und Spaß nicht gegenseitig ausschließen müssen, habe ich mich ernsthaft bemüht, Ihnen mit diesem Buch ein Werk vorzulegen, in dem alles, worauf es im Leben wirklich ankommt, auf tiefgründige und umfassende und dennoch amüsante Art und Weise erörtert wird.

KAPITEL 1
GLÜCK

Aristoteles war der Überzeugung, dass Glückseligkeit der Sinn und Zweck unseres Lebens sei. Heute, in der Neuzeit, haben wir alle eine vollkommen unterschiedliche Vorstellung davon, was Glück ist. Manche erleben beim Bungee-Jumping den ultimativen Kick, für andere gilt das Motto trautes Heim, Glück allein. Manch einer ist glücklich, wenn er in einem Konzertsaal sitzen und klassische Musik hören kann, während für andere das Geschrei von Kindern auf einem Spielplatz Musik in ihren Ohren ist. Manche von uns finden es erhebend, komplizierte mathematische Gleichungen zu lösen, während für andere eine ausgefallene Mathestunde eine glückliche Kindheitserinnerung ist. Manche der Protagonisten von Dostojewskis Romanen macht allein schon die Tatsache zu existieren glücklich, andere genießen es, unglücklich zu sein, und es soll Menschen geben, deren größtes Glück darin besteht, andere unglücklich zu machen.

Diesbezüglich sind wir alle sehr verschieden, und es gibt kein Richtig oder Falsch, was unsere Einstellung zum Leben angeht.

Alle Menschen wollen glücklich sein, aber ist das überhaupt möglich?

> *Man möchte meinen, dass die Absicht zum Glücklichsein nicht Teil des Schöpfungsplans ist.*
>
> Sigmund Freud

Glück ist nicht zu verwechseln mit Momenten oder Phasen des Glücklichseins. Ein Mensch kann zwei Stunden oder zwei Tage glücklich sein, oder meinetwegen auch ein ganzes Jahr, aber sicher nicht andauernd und ewig. Das Glück ist immer endlich. Woody Allen übrigens behauptet sogar, die Phasen, in denen wir glücklich sind, seien noch viel kürzer, und sollte jemand länger als zwei Tage am Stück glücklich sein, dann nur, weil man ihm etwas verschweigt.

Ehe wir unsere Reise ins Glück antreten, habe ich noch einen Tipp für Sie:

> *Das Glück ist wie ein Schmetterling: Wenn wir es jagen, vermögen wir es nicht zu fangen, aber wenn wir ganz ruhig innehalten, dann lässt es sich auf uns nieder.*
>
> Nathaniel Hawthorne

WAS STATISTIK MIT KOCHBÜCHERN ZU TUN HAT

Würde man unter Studenten eine Umfrage starten, welches Fach sie am langweiligsten finden, so würde vermutlich Statistik an erster Stelle stehen. Einer meiner Studenten sagte einmal, er könne sich nicht erklären, wozu es eigentlich noch Anästhesisten brauche, wo es doch so viele Bücher zum Thema Statistik gibt. Dabei kann Statistik auch amüsant, ja, sogar interessant sein. Um meinen Studenten das Fach schmackhafter zu machen, betraue ich sie zuweilen mit der Durchführung kleiner Untersuchungen zu den unterschiedlichsten Themen. So habe ich sie einmal gebeten herauszufinden, welche Sorte Bücher am häufigsten publiziert wird. Nachdem sie einige Buchläden abgeklappert hatten, präsentierten mir die jungen Forscher folgendes Resultat:

Der Gewinner ist: die Sparte Kochbücher!

Tja, wer hätte das gedacht. Da ich mit Ihnen aber gar nicht über Kochbücher sprechen möchte (ich werde ganz sicher keines schreiben, da ich maximal ein gekochtes Ei zustande bringe), wende ich mich stattdessen jenen Büchern zu, die in der Untersuchung meiner Studenten den zweiten Platz belegt haben, nämlich: Ratgeber zum Thema Glücklichsein.

IN DREI MINUTEN ZUM IMMERWÄHRENDEN GLÜCK

Es gibt unzählige Bücher, die das Wort »Glück« im Titel tragen und ihren Lesern nachhaltige Glückseligkeit, Ruhe und Gelassenheit sowie die Befreiung von sämtlichen Ängsten und Selbstzweifeln versprechen. In einigen dieser Werke wird sogar verbreitet, wir müssten, um dieses grandiose Ziel zu erreichen, lediglich ein paar Minuten täglich üben.

Ich behaupte: Glücksratgeber machen in den wenigsten Fällen jemanden glücklicher. Und ich kann Ihnen auch sagen, warum das so ist:

1. Es gibt empirische Beweise dafür, dass Glücksratgeber nutzlos sind

Würde nämlich auch nur ein Bruchteil der in diesen Büchern enthaltenen Weisheiten stimmen, dann müsste es auf der Welt vor glücklichen Menschen nur so wimmeln, und wie wir alle wissen, ist dem nicht so.

2. Wissen allein ist nicht der Schlüssel zum Glück

Wissen ist unabdingbar, wenn man eine Differenzialgleichung lösen, eine Trüffelpastete à la Robuchon zubereiten oder eine Rakete ins All schießen will. Beim Streben nach Glück dagegen ist es meines Erachtens ziemlich nutzlos. Als ich einen der fraglichen Ratgeber durchblätterte, stieß ich auf folgenden unbezahlbaren Tipp: »Stehen Sie jeden Morgen blendend gelaunt und mit einem breiten Lächeln im Gesicht auf.« Na, da konnte ich ja wirklich froh sein, dass die Autoren diese Erkenntnis mit mir geteilt hatten! Ehe ich über diese wunderbare Idee gestolpert war, hatte ich doch glatt angenommen, um glücklich zu sein, müsse man morgens mit einer handfesten Depression und einem stechenden Schmerz in der linken Niere erwachen. Tja, da hatte ich mich wohl getäuscht.

Solche Tipps sind ungefähr so wirkungsvoll wie der »Schönen Tag noch!«-Wunsch eines Verkäufers – der Ausspruch allein ist noch lange kein Garant dafür, dass wir tatsächlich einen schönen Tag haben werden. Zu wissen, was richtig ist und was falsch, hilft uns nicht weiter. Ein Raucher weiß genau, dass er sich das Rauchen abgewöhnen sollte, nur leider kann ihn dieses Wissen allein nicht von seiner Nikotinsucht heilen.

Bücher dieser Art verdanken ihre Popularität der Tatsache, dass es dem Leser leichtfällt, sich mit solchen Ratschlägen zu identifizieren: »Stimmt, ich sollte wirklich jeden Morgen mit einem Lächeln auf den Lippen aufstehen und täglich mindestens eine gute Tat vollbringen.« Merkwürdigerweise fragen wir uns nach der Lektüre dieser Ratgeber allerdings immer: Und *wie* genau stelle ich das jetzt an?

Nun, ich für meinen Teil bin der Ansicht, dass es keine standardisierten Reisen ins Glück geben kann. Jeder Mensch benötigt einen individuellen Reiseführer. Meiner Meinung nach ist auf dem schmalen Pfad ins Glück sogar kaum je Platz genug für zwei Menschen zugleich. Wir sind so verschieden, dass nicht einmal auf einer organisierten Reise nach Italien die Wünsche sämtlicher Teilnehmer berücksichtigt werden könnten. Die einen wollen bei einem Besuch in Rom auf jeden Fall die Sixtinische Kapelle sehen und diverse italienische Nudelgerichte und Weine verkosten, andere dagegen ziehen sich lieber mit ihren Landsleuten ein paar Hamburger rein und fachsimpeln dabei über Baseball. Die Erfüllung individueller Teilnehmerwünsche gestaltet sich bei Pauschal- und Gruppenreisen naturgemäß schwierig, aber vielleicht gibt es ja dennoch einige allgemeine Navigationshilfen, die uns auf der Suche nach dem Glück den richtigen Weg weisen können, solange wir nur den Mut aufbringen, uns allein auf die Reise zu machen.

Der glücklichste Tag meines Lebens (ein kurzer Aufsatz, den Heinrich Heine nie geschrieben hat)

Der glücklichste Tag meines Lebens würde damit beginnen, dass ich in einer hübsch eingerichteten Holzhütte in den Schweizer Alpen erwache. Ich stehe gemächlich auf, strecke und kratze mich, gähne und nehme am Esstisch Platz. Dort erwartet mich ein duftendes, knuspriges Baguette, das ich dick mit Butter bestreiche. Ich beiße genüsslich ab und genehmige mir anschließend einen großen Schluck von dem frisch zubereiteten Kaffee, den mir meine Dienstboten gebracht haben.

Dann trete ich ans Fenster und lasse den Blick wandern – von dem Pfad, der zur Hütte führt, über die schneebedeckten Bergspitzen bis hin zu dem kleinen, türkis schimmernden See unten im Tal, in dem sie sich spiegeln.

Ja, das ist Glück. Aber es ist noch nicht perfekt. Was benötigt ein Dichter und Denker wie ich jetzt noch? Nun, wenn Gott mich wirklich glücklich machen will, dann müsste er mir noch einen klitzekleinen Sonderwunsch erfüllen, um diesem Tag eine ganz besondere Note zu verleihen: Ich würde zu gern an einem Baum zwischen der Hütte und dem See meine Feinde baumeln sehen. Ja! Die Hütte, der Ausblick auf den See, ein frisches Baguette mit Butter und meine Hasser dort an dem Baum – das wäre wirklich das Höchste der Gefühle!

Gott wird es mir nachsehen. Das ist seine Aufgabe.

Frei nach Heinrich Heine

Ich kann Heine gut verstehen, jedenfalls einmal abgesehen von den Feinden am Baum. Ich möchte niemanden sehen, der irgendwo baumelt, geschweige denn an einem Baum. So etwas macht mich kein bisschen glücklich. Doch als ich diese Geschichte einmal im Rahmen eines Vortrags zum Besten gab, äußerte sich einer meiner Zuhörer begeistert dazu und sagte, in Israel gebe es gar nicht genügend Bäume, um daran all die Menschen aufzuhängen, die er gern tot sehen würde. Versuchen Sie mal, so jemandem zu vermitteln, dass er jeden Morgen lächelnd aufstehen soll.

Wie wir bereits festgestellt haben, ist kein Mensch wie der andere. Wir alle haben höchst unterschiedliche Träume und Wünsche. Im Laufe meiner Recherche zu dem Thema bin ich auf drei sehr interessante Tatsachen gestoßen:

1. **Die meisten Menschen wissen eigentlich gar nicht, was sie wollen.**

2. **Der Mensch, mit dem man den glücklichsten Tag seines Lebens verbringt, ist nicht unbedingt der Lebenspartner.**

3. **Wir wissen nicht, was uns glücklich machen wird.**

Beim Blättern in den diversen Glücksratgebern stieß ich auf das großartige Buch *Ins Glück stolpern* von Daniel Gilbert. Der Autor erklärt darin allerdings nicht, wie man das Glück findet, vielmehr belegt er anhand zahlreicher aktueller psychologischer Studien, warum wir gar nicht wissen können, was uns glücklich macht (nicht einmal, wenn wir uns einen topmodernen 3-D-Plasmafernseher, ein schickes Auto oder eine neue Küche wünschen). Gilbert argumentiert weiter: Wenn man das Ziel nicht kennt, wie soll man dann je dort ankommen? Was, wenn man den falschen Weg eingeschlagen hat?

You can't always get what you want.

Mick Jagger und Keith Richards

Ich glaube, das ist nicht das Problem. Das Problem ist, dass wir oft nicht wissen, was wir wollen.

Frei nach Daniel Gilbert

In dieser Welt gibt es nur zwei Tragödien. Die eine ist, nicht zu bekommen, was man möchte, die andere ist, es zu bekommen.

Oscar Wilde

Eines steht fest: Sie werden den Schlüssel zum Glück nicht in 08/15-Ratgebern finden – und leider auch nicht in diesem Buch. Denn wie bereits im Vorwort angekündigt, hat das Werk, das Sie hier in den Händen halten, eine andere Funktion. Es zielt darauf ab, Ihre Einstellung zu fast allen Lebensbereichen zu ändern – und insbesondere Ihre Einstellung zum Glück.

Man kann einen Menschen nichts lehren, man kann ihm nur helfen, es in sich selbst zu entdecken.

Galileo Galilei

DREI PHILOSOPHISCHE PRINZIPIEN

Wassili Rosanow, den einige als »Rasputin der Intellektuellen« kennen, ist einer der umstrittensten Schriftsteller und Philosophen aus dem vorrevolutionären Russland. Rosanow war der Überzeugung, dass uns das Leben tagtäglich vieles lehrt, wir aber leider ziemlich unaufmerksame Schüler sind.

Ein Buch ist wie ein Spiegel. Wenn ein Affe hineinsieht, kann kein Apostel herausgucken.

Georg Christoph Lichtenberg

Auf den folgenden Seiten möchte ich Ihnen drei wesentliche philosophische Grundsätze nahebringen.

ERSTES PRINZIP:

Es ist okay, sich mal eine Auszeit (und einen Happen zu essen) zu gönnen

Jeder von uns kennt das Gefühl: Schon wenn man morgens aufwacht, ist der erste Gedanke, der einem durch den Kopf geht: Am liebsten würde ich mich einfach umdrehen und noch zwei Stunden schlafen. Oder fünf. Oder zehn. Arthur Schopenhauer behauptete sogar, dieser Wunsch sei der Beweis dafür, dass das Leben »kein Ponyhof« sei, wie es im Volksmund so schön heißt. Wäre es nämlich eine einzige lange Party, dann würden wir morgens aus dem Bett springen, noch ehe wir richtig wach sind.

Ich wache jeden Morgen um neun auf und schnappe mir die Zeitung, um die Todesanzeigen zu überfliegen. Wenn ich meinen Namen dort nicht lese, stehe ich auf.

Benjamin Franklin

Es kann vorkommen, dass ein Mann morgens erwacht, ohne dass der Morgen in ihm erwacht.

David Avidan

Wenn ich morgens aufwache und feststelle, dass in mir kein Morgen erwacht, rufe ich meine Sekretärin an der Uni an und trage ihr auf, meine Termine an dem betreffenden Tag abzusagen, weil ich fürchterliche Rückenschmerzen habe. (Ich muss ein bisschen flunkern; in den akademischen Kreisen, in denen ich verkehre, wären alle höchst erstaunt, wenn ich sage, ich könne nicht zur Arbeit kommen, weil in mir kein Morgen erwacht sei.)

Nichtstun ist schrecklich harte Arbeit.

Oscar Wilde

Ich kann dieser scharfinnigen Beobachtung des klugen Oscar Wilde nur voll und ganz beipflichten. Es ist unglaublich schwierig, nichts zu tun, aber es ist auch ein wunderbares Abenteuer. Zum besseren Verständnis hier eine kurze Geschichte.

Eines Tages sollte ich im Rahmen einer Konferenz in einer Stadt am Meer einen Vortrag zur Spieltheorie halten, und zwar an einem Donnerstag. Da ich annahm, dass ich danach erholungsbedürftig sein würde, beschloss ich, über das Wochenende dortzubleiben. Am Freitagmorgen gönnte ich mir im Hotel ein riesiges Frühstück, und dann ging ich hinunter zum Pool, um mich in der Sonne zu aalen und nichts zu tun. Ich scheiterte kläglich.

Mein Hirn begann schon bald rumzunörgeln. »Was ist denn los, Haim?«, sagte es. »Warum sitzt du hier so untätig rum? Nimm wenigstens ein Buch zur Hand oder lies einen Artikel über die Differenzialtopologie oder das Mandelbrotfraktal! ... Eigentlich wäre das doch die ideale Gelegenheit, dir endlich einmal *Ulysses* von James Joyce vorzunehmen oder sonst irgendeinen Klassiker ... Du könntest dir aber auch Mahlers Achte anhören oder das Klavierkonzert in G-Dur von Maurice Ravel. Warum verschwendest du deine Zeit, indem du hier am Pool herumlümmelst, wo doch zu Hause in deinem Keller ein solches Chaos herrscht? Beweg dich wenigstens ein bisschen! Geh schwimmen! Das wird dir guttun. Du solltest dringend deinen Speckröllchen den Kampf ansagen ...«

Mein Hirn ließ mir keine ruhige Minute. Das Nichtstun an sich ist gar nicht so schwer; die große Herausforderung besteht darin, deswegen keine Schuldgefühle zu bekommen.

Als mir klar wurde, dass mich mein schlechtes Gewissen nicht in Ruhe lassen würde, beschloss ich, mich sportlich zu betätigen, und quälte mich eine ganze Weile mit allerlei ausgesprochen anstrengenden Übungen. Eines kann ich Ihnen versichern, und zwar voller Stolz: Inzwischen schaffe ich es mühelos, eine Woche lang nichts zu tun und jede Sekunde zu genießen. Ich kann Ihnen nur wärmstens empfehlen, es bei nächster Gelegenheit auch zu versuchen. Es ist gut möglich, dass Momente wie diese – wenn wir etwa morgens noch eine Weile unter der warmen Decke liegen bleiben und vor uns hinträumen – einmal zu unseren glücklichsten Erinnerungen gehören werden.

Allerdings können das nur viele Menschen nicht nachvollziehen. Es sei dumm, die Zeit ungenutzt verstreichen zu lassen, sagen sie. Was für ein bizarres Argument. Ich entgegne dann immer: »Die Zeit verstreicht ohnehin, ganz egal, ob ich sie sinnvoll nutze oder nicht. Das hat sie nun einmal so an sich.«

Pu der Bär ist nie in Eile und macht einfach, was er will, und paradoxerweise gelingt es ihm spielend und ohne große Anstrengung, sich seine Wünsche zu erfüllen. Zudem erlebt er viele Abenteuer: Er entdeckt den Nordpol, hilft dem depressiven Esel I-Ah bei der Suche nach seinem Schwanz, denkt sich Gedichte aus und lernt dank eines Luftballons sogar fliegen.

Die Chinesen nennen dieses Prinzip *Wu wei*, was übersetzt »ohne Anstrengung« bedeutet, und der Hauptgedanke dieses taoistischen Prinzips lautet: Wir müssen wissen, wann wir handeln sollen und wann wir den Dingen besser ihren Lauf lassen. Und wenn wir handeln, sollten wir es ohne große Anstrengung tun, etwa so, wie Wasser fließt und Bäume wachsen. Die beste Entsprechung dieses Prinzips, die ich in unserem Kulturkreis dafür gefunden habe, ist wohl die »kreative Ruhe«.

Heutzutage sind die meisten Menschen rund um die Uhr damit beschäftigt, etwas zu »tun«, und nehmen sich kaum je die Zeit, einfach nur zu »sein«. Pu der Bär ist ein Paradebeispiel für ein Wesen, das sich hervorragend auf das »Sein« versteht und sein Leben sichtlich genießt.

Natürlich bin ich kein Befürworter vollkommener Untätigkeit. Ich spreche hier von einem fundamentalen Balanceakt: Die Arbeit, der Prozess des (Er-)Schaffens, stellt zwar den Sinn und Zweck unseres Daseins dar, aber wir müssen auch die Zeit finden, um uns schlicht und einfach an unserer Existenz erfreuen zu können.

Und nun zu einem anderen, wenn auch artverwandten Thema, nämlich zur Fabel von der Grille und der Ameise. Sollten Sie es vor Neugier schon gar nicht mehr erwarten können, zu erfahren, welches mein zweites Prinzip ist, können Sie die folgenden Passagen gern überspringen und zu einem späteren Zeitpunkt lesen.

Die Grille und die Ameise, Version 1:
(frei nach Äsop, mit vier verschiedenen Interpretationen)

Die Grille brachte den ganzen Sommer und Herbst damit zu, mit Freunden zu singen, zu tanzen und zu trinken, während die Ameise fleißig Vorräte für die kalte Jahreszeit sammelte.

Als der Winter kam, ging die vom Hunger geplagte Grille zur Ameise und bat sie um etwas zu essen. Die Ameise ließ sie nicht nur abblitzen, sondern rügte sie auch noch für ihre Faulheit.

Hier die Moral von der Geschicht, interpretiert von vier weisen Männern:
Äsop, griechischer Fabeldichter: *Nimm dir ein Beispiel an der Ameise, du Faulpelz. Vielleicht bist du dann nächsten Sommer klüger.*
La Fontaine, französischer Fabeldichter: *Gut geplant ist halb gegessen.*
Krylow, russischer Fabeldichter: *Erst denken, dann handeln.*
Dani Kerman, israelischer Karikaturist: *Wer gern singt und tanzt, sollte sich nicht mit unkultivierten Ameisen umgeben.*

Die Grille und die Ameise, Version 2:
(eine von der positiven Psychologie inspirierte Alternative)

Die Grille brachte den ganzen Sommer und Herbst damit zu, mit Freunden zu singen, zu tanzen und zu trinken, während die Ameise fleißig Vorräte für die kalte Jahreszeit sammelte.

Als der Winter kam, langweilte sich die Ameise in ihrem bis oben hin mit Vorräten vollgepackten Haus zu Tode. Eines Tags hörte sie, wie draußen in der Einfahrt ein Auto vorfuhr. Sie öffnete erfreut die Tür und sah zu ihrer Verwunderung die Grille aus einem knallroten Ferrari steigen. Sie trug einen Designeranzug und rauchte eine kubanische Zigarre.

»Wo hast du denn das alles her?«, wollte die fleißige, aber etwas einfach gestrickte Ameise wissen.

»Tja, meine Liebe, ich habe getanzt und gesungen und auf meiner Fidel aufgespielt, bis mir ein Agent für den Winter eine ausgesprochen lukrative Stelle an der Pariser Oper beschafft hat. Ich bin gerade auf dem Weg dorthin. Willst du mitkommen?«

»Na, und ob«, sagte die Ameise. »Und wenn mir dieser La Fontaine über den Weg läuft, dann bekommt er von mir was zu hören! Harte Arbeit zahlt sich nur in Äsops Fabeln aus.«

»Abgemacht. Ich arrangiere ein Treffen mit ihm im Café Angelina. Dort gibt es eine ganz vorzügliche Maronentarte«, sagte die Grille und öffnete ihr die Beifahrertür.

Die Grille und die Ameise, Version 3:
(frei nach Walt Disney)

Die Grille brachte den ganzen Sommer und Herbst damit zu, mit Freunden zu singen, zu tanzen und zu trinken, während die Ameise fleißig Vorräte für die kalte Jahreszeit sammelte.

Als der Winter kam, ging die vom Hunger geplagte Grille zur Ameise und bat sie um etwas zu essen.

Die Ameise sagte: »Da muss ich erst die Ameisenkönigin fragen. Komm morgen wieder.«

Als die Grille tags darauf wiederkam, sagte die Ameise, man sei zu der Entscheidung gekommen, ihr etwas zu essen zu geben, vorausgesetzt, sie ziehe in das Winterquartier der Ameisen und sei bereit, jeden Abend um halb acht vor dem Ameisenvolk aufzutreten. Der Grille knurrte schon so laut der Magen, dass sie nicht lange überlegte und einwilligte.

Die Ameisen schlossen die neue Mitbewohnerin im Nu ins Herz, und fortan wurde jeden Abend eine große Party gefeiert, bei der die Ameisen schlemmten und zur Musik und dem Gesang der Grille tanzten. Und die Grille zog sich jeden Abend nach ihrem Auftritt in Begleitung zweier wunderschöner Ameisen in ihre Gemächer zurück.

Die Grille und die Ameise, Version 4:
(die Version von I-Ah)

Die Grille brachte den ganzen Sommer und Herbst damit zu, mit Freunden zu singen, zu tanzen und zu trinken, während die Ameise fleißig Vorräte für die kalte Jahreszeit sammelte.

Als der Winter kam, ging die vom Hunger geplagte Grille zur Ameise und bat sie um etwas zu essen. Die Ameise rügte sie für ihre Faulheit, aber ehe sie alles gesagt hatte, was sie sagen wollte, kam ein Mann des Wegs, der durch den Wald spazierte, und trat die beiden versehentlich tot. C'est la vie.

Damit lasse ich die Ameise und die Grille in Frieden ruhen und widme mich dem zweiten Prinzip von Pus Lebensphilosophie.

ZWEITES PRINZIP:

Wer wütend wird, bestraft sich selbst für die Dummheit anderer (oder für die eigene)

> *Es dauert lange, bis ich die Beherrschung verliere, aber wenn ich sie einmal verloren habe, finde ich sie nicht so schnell wieder.*
>
> Mark Twain

Kaum jemand weiß, dass der große Philosoph Baruch de Spinoza einer der besten Aggressionstherapeuten weltweit ist:

> *Werde niemals wütend, oder verzeihe niemals.*

Spinoza will uns damit Folgendes sagen: Ehe wir uns über jemanden aufregen, sollten wir uns gut überlegen, ob wir vorhaben, der betreffenden Person irgendwann zu verzeihen. Wenn wir nämlich das Gefühl haben, dass wir irgendwann in der Lage sein werden, ihr zu vergeben, sei es nun in einer Woche, in einem Monat oder in einem Jahr, dann ist es das Klügste, dies auf der Stelle zu tun und sich jeden weiteren unnötigen Kummer und Ärger zu ersparen.

> *Wut ist eine Säure, die in dem Gefäß, in dem sie aufbewahrt wird, mehr Schaden anrichtet als in jedem anderen, in das man sie hineingießt.*
>
> Mark Twain

Spinoza vertrat in seiner Version der Philosophie eine ganz eigene Einstellung zum Thema Zeit, denn er versuchte, alles aus der Perspektive Unendlichkeit zu betrachten. Einer der Schlüsse, die er daraus zog, lautete: Wenn wir jemandem früher oder später ohnehin verzeihen, dann ist unsere vorübergehende Wut auf ihn unlogisch und vollkommen unnötig, ja, sogar absurd. Mit dieser Ansicht war er nicht allein:

> *Wir sollten nur dann die Beherrschung verlieren, wenn wir ganz sicher sind, dass wir am Ende vor Wut explodieren werden.*
>
> William Butler Yeats

Doch Spinoza war nicht naiv. Er wusste, es gibt Dinge, die unverzeihlich sind. Also lautet sein Rat: Wenn jemand meint, er müsste unbedingt wütend werden und den Rest seines Lebens einen Groll gegen einen Mitmenschen hegen, dann soll er das getrost tun – allerdings gelte es, vorsichtig zu sein, denn die Sache hat einen Haken: Wenn man es sich anders überlegt (ganz egal, ob nach dreißig Minuten oder nach dreißig Jahren) und beschließt, demjenigen zu verzeihen, dann bedeutet das, man hat einen Fehler gemacht und hätte gar nicht erst wütend werden dürfen.

Diesen Ansatz sollten wir unbedingt für unsere engsten Beziehungen übernehmen, denn es ist doch höchst unwahrscheinlich, dass Eltern ihren Sprösslingen den Rest ihres Lebens böse sind. Dasselbe gilt für Geschwister. Was bringt es, einen Tag, eine Woche oder gar ein Jahr lang auf jemanden sauer zu sein, wenn Sie ihm am Ende doch verzeihen?

Aber wie so oft ist das einfacher gesagt als getan.

Spinoza wurde unter anderem deshalb so geschätzt (und zwar selbst von seinen Berufskollegen, bei denen er als Philosoph unter den Philosophen galt), weil er selbst lebte, was er predigte.

Schön für ihn, aber wir sind nicht Spinoza. Für uns ist das alles viel schwieriger.

***

Der Dalai Lama rät dazu, zwischen Menschen und ihrem Verhalten zu unterscheiden, um nicht die Beherrschung zu verlieren. Es gibt keinen Grund, auf unsere Mitmenschen sauer zu sein, schließlich haben wir es alle nicht leicht. Aber es ist durchaus legitim, sich über ihr Verhalten aufzuregen. Ich habe diese Strategie bereits getestet, allerdings mit dürftigem Erfolg.

Wenn mich jemand ärgert, dann ist es mir unmöglich, den Menschen isoliert von seinem Verhalten zu betrachten und meine Verärgerung wie empfohlen nur auf sein Verhalten zu beschränken. Für mich sind Menschen und ihr Verhalten untrennbar miteinander verbunden.

Deshalb an dieser Stelle ein sehr menschlicher Rat:

Bist du zornig, so zähle bis vier.
Bist du sehr zornig, so fluche.

Mark Twain

EINE WAHRE GESCHICHTE

Der Film *The Straight Story*, bei dem David Lynch Regie führte, erzählt die wahre Geschichte des betagten Witwers Alvin Straight, der mit seiner liebenswerten, geistig zurückgebliebenen Tochter Rose zusammenlebt. Seinen Bruder Lyle hat er seit vielen Jahren nicht gesehen, denn die beiden sind zerstritten.

Eines Tages erfährt Alvin, dass sein Bruder einen Schlaganfall erlitten hat, und beschließt, ihn zu besuchen, ehe es womöglich zu spät für eine Versöhnung ist. Allerdings hat er keinen Führerschein und wird auch keinen mehr bekommen, denn er sieht schlecht und kann kaum noch gehen. Also beschließt er, sich mit seinem John-Deere- Sitzrasenmäher auf den Weg zu Lyle zu machen. Für die knapp vierhundert Kilometer lange Fahrt von Laurens, Iowa, nach Mount Zion, Wisconsin, benötigt er sechs Wochen.

Als sich die Brüder schließlich gegenüberstehen, spürt man deutlich, dass sie unter der langen Trennung gelitten haben (besser gesagt, man sieht es in den Augen der hervorragenden Hauptdarsteller Richard Farnsworth und Harry Dean Stanton). Die beiden bereuen es sehr, dass sie all die Jahre keinen Kontakt zueinander hatten, dabei können sie sich absurderweise noch nicht einmal an den Grund für ihren Streit erinnern.

In jeder Minute, die du dich ärgerst, versäumst du sechzig Sekunden Seelenfrieden.

Ralph Waldo Emerson

Zugegeben, in punkto Aggressionsbewältigung muss ich selbst noch viel lernen (ich gebe mir Mühe!), aber wie so oft hat mir ein Erlebnis die Augen geöffnet, das ich im Folgenden kurz beschreiben möchte. Es geht um eine Situation, die deutlich macht, wie sinnlos und ungesund es ist, sich aufzuregen.

TAXIFAHRER 1

Eines Tages brauste ich in einem Taxi den Highway entlang, als wir urplötzlich von einem anderen Auto brutal geschnitten wurden. Die ganze Aktion war gefährlich und hätte meinen Taxifahrer und mich gut und gern das Leben kosten können, vom Leben des anderen Fahrers ganz zu schweigen. Mein Fahrer fing sofort an zu fluchen und zu toben, und mir wurde rasch klar, dass er sich nicht allzu bald beruhigen würde. Also versuchte ich, ihm zu erklären, dass sein Verhalten vollkommen unlogisch war. »Wahrscheinlich sitzt der andere Fahrer schon längst zu Hause in der Badewanne und spielt mit seinem Quietscheentchen«, sagte ich und wies ihn darauf hin, dass die einzigen zwei Menschen, die er mit seinem Gezeter bestrafte, wir beide waren – ich, weil ich es mir anhören musste, und er, weil so ein Wutanfall durchaus körperlichen Schaden nach sich ziehen kann. Er gab mir recht. »Ich werde mich nie wieder so hineinsteigern«, gelobte er. »Diese Genugtuung gönne ich keinem!«, brüllte er so laut, dass die Scheiben schepperten.

> *Sich ärgern heißt, sich für die Fehler anderer zu bestrafen.*
>
> Konrad Adenauer

Ein Arzt erzählte mir einmal, es sei wissenschaftlich erwiesen, dass Menschen, die immer gleich auf hundertachtzig sind und oft die Beherrschung verlieren, eine kürzere Lebenserwartung haben. Aber das ist ja nichts Neues.

Ich habe mir angewöhnt, mich nur zu ärgern, wenn die Möglichkeit besteht, dass sich dadurch etwas ändert.

Lassen Sie uns also beten:

Gott, gib mir die Gelassenheit, Dinge hinzunehmen, die ich nicht ändern kann, den Mut, Dinge zu ändern, die ich ändern kann, und die Weisheit, das eine vom anderen zu unterscheiden.

Reinhold Niebuhr, »Gelassenheitsgebet« (1943)

TAXIFAHRER 2

Als ich wieder einmal in einem Taxi durch Tel Aviv fuhr, herrschte starkes Verkehrsaufkommen. Und wie wir so auf unser Ziel zukrochen, bemerkten wir ein Auto, das uns auf der Standspur überholte. Mein Fahrer ließ sofort ein paar Bemerkungen vom Stapel, die definitiv nicht in dieses Buch gehören. Nachdem er sich wieder etwas beruhigt hatte, sagte er: »Alles Rüpel, diese Israelis, jeder einzelne von ihnen. Sie übertreten so selbstverständlich das Gesetz, als müssten sie auf schnellstem Wege nach Hause, um ihre Großmutter aus einem brennenden Haus zu retten. Können Sie mir mal sagen, warum alle Israelis solche Rowdys sind?« (An dieser Stelle folgte noch einmal ein unflätiger Ausdruck.)

Dies war die ideale Gelegenheit für mich, einen kleinen Statistikvortrag zu halten.

»Finden Sie nicht, dass Sie übertreiben?«, fragte ich.

»Übertreiben? Ich? Inwiefern?«

»Na ja, fahren Sie etwa auf der Standspur?«

»Nein.«

»Und der Fahrer vor uns, tut der etwas Verbotenes?«, fuhr ich fort.

»Nein«, erwiderte er zögernd.

»Und Ihnen ist hoffentlich aufgefallen, dass sich auch der Fahrer des Wagens links von uns vorbildlich verhält. Fakt ist, nur ein einziger Fahrer hat gegen die Verkehrsvorschriften verstoßen. Abgesehen davon war kein Auto auf dem Seitenstreifen zu sehen, richtig?«

»Worauf wollen Sie hinaus?«, fragte er. Seine Wut hatte inzwischen etwas nachgelassen.

»Darauf, dass wir Menschen ziemlich seltsam sind«, erwiderte ich. »Negatives oder Ärgerliches fällt uns sofort auf, Positives dagegen ignorieren wir einfach. Dutzende Fahrer um uns herum haben diese Linie nicht überfahren, aber haben Sie mit einem Wort erwähnt, wie schön es ist, dass wir von so vielen geduldigen, höflichen Autofahrern umgeben sind? Nein. Doch sobald auch nur ein einziger Fahrer gegen das Gesetz verstößt, ziehen Sie daraus sofort den Schluss, dass nicht nur alle israelischen *Autofahrer* schlechte Menschen sind, sondern sogar das gesamte israelische Volk! Ist das nicht erstaunlich?«

Genug der Taxigeschichten.

Und nun rechnen Sie mal nach, wie viele Fernsehsendungen Ihnen einfallen, in denen es um gute Menschen geht, und warum wir in jeder Nachrichtensendung mit so vielen Berichten über unerfreuliche Begebenheiten konfrontiert werden. Auf einem der kommerziellen israelischen Fernsehkanäle lief eine Weile eine Serie über Menschen, die Gutes tun, allerdings wurde sie wegen schlechter Einschaltquoten bald wieder abgesetzt. Wie kann das sein? Wahrscheinlich haben die Zuseher umgeschaltet, weil sie »interessantere« Geschichten sehen wollten – solche, in denen Ehemänner ihre Frau umbringen oder junge Burschen Rentner verprügeln oder Mütter gemein zu ihren Kindern sind. Was sagt das über uns aus?

In einer seiner besten Kurzgeschichten stellte Lew Tolstoi indirekt die folgende Frage:

Wie kann es sein, dass die Menschen ohne Weiteres alles Schlechte glauben, das über andere verbreitet wird, aber das Erfreuliche, das sie hören, nicht glauben können?

Dies ist in der Tat unser übliches Denkmuster.

Falls Sie noch Zweifel haben, hier kommt der Beweis:

Nehmen wir mal an, in einer Zeitung oder auf einer Webseite wird morgen berichtet, man hätte Haim Shapira, den Autor des vorliegenden Buches, verhaftet, weil der Verdacht besteht, dass er für den russischen Geheimdienst arbeitet. Ich kann mir lebhaft vorstellen, wie die Reaktionen darauf ausfallen würden.

Die Leute würden sagen:

»Ich wusste doch gleich, dass man dem nicht trauen kann.«

»Das überrascht mich kein bisschen.«

»Er hat einen russischen Akzent und zitiert andauernd russische Schriftsteller. Wie kommt es, dass er mit Tolstoi, Nabokov und Wyssozki auf du und du ist?«

»Und dann hat er auch noch Ahnung von Mathematik und spielt Klavier. Das ist typisch russisch. Außerdem sind doch alle Russen Spione.«

Hier kommt eine Teilantwort auf Tolstois Frage:

Wenn wir selbst keine Fehler hätten, würden wir sie nicht mit so großem Vergnügen an anderen entdecken.

François de La Rochefoucauld

Oder, anders formuliert:

Je mehr Fehler wir an anderen entdecken, desto mehr haben wir selbst.

UM DER WAHRHEIT DIE EHRE ZU GEBEN

Es heißt oft, man könne einen Menschen anhand der Dinge beurteilen, über die er sich aufregt – ein schöner Spruch, aber meiner Ansicht nach nicht ganz korrekt. Ich glaube, Heraklit hatte recht, als er sagte, dass unser Charakter vom Schicksal vorherbestimmt sei. Rein theoretisch sollten sich weise Menschen nicht ärgern, doch in der Praxis sieht es anders aus. Angeblich ist es Baruch de Spinoza und einigen anderen klugen Männern dank ihrer Weisheit tatsächlich gelungen, sich nicht zu ärgern, aber diese Leute gehören einer vernachlässigbaren Minderheit an. Wir Normalsterblichen verfügen nicht über ihre Fähigkeiten. Wie sagte Ralph Waldo Emerson es so schön: Die Temperatur, bei der wir kochen vor Wut, wurde festgelegt, ohne uns zu konsultieren, und variiert von Mensch zu Mensch.

Ich meine, dass wir uns selbst in die Tasche lügen, wenn wir denken, wir könnten uns ungewollter Emotionen jederzeit problemlos entledigen. Das zu glauben, wäre ausgesprochen arrogant. Nicht alles ist dem Willen und den Wünschen der Menschen unterworfen.

Beim Surfen im Internet stach mir einmal ein Werbebanner ins Auge, auf dem stand: »Aggressionsbewältigung – es ist ganz einfach, Ihre Wut loszuwerden«. Das klang vielversprechend, aber leider auch zu schön, um wahr zu sein. Wer seine Emotionen im Griff haben will, muss sein Leben lang üben. Nur sehr junge Leute (oder ältere, die mit den Jahren nichts dazugelernt haben) können ernsthaft der Überzeugung sein, dass sie ihr Herz nach Lust und Laune mit Zorn und Feindseligkeit füllen oder mit allem (und jedem) Frieden schließen können. Weise Menschen dagegen wissen, dass unsere Gedanken und Gefühle stets im Clinch liegen und die Gefühle fast immer siegreich aus diesem ständigen Kampf hervorgehen.

DRITTES PRINZIP:

Das Gedankenkarussell lässt sich stoppen

Meine Großmutter war 101 Jahre alt, als sie friedlich einschlief. Sie hat zeitlebens viele Freunde gehabt und war sehr großzügig. Neid war für sie ein Fremdwort, und sie verstand es, andere aufzumuntern und sie von unbegründeten Ängsten und Befürchtungen zu befreien. Außerdem hatte sie einen großartigen Sinn für Humor. Sie war schon fast hundert, als meine Mutter sie eines Tages dabei erwischte, wie sie mit sich selbst redete. Erst war meine Großmutter peinlich berührt, doch dann sagte sie: »Ja, ich geb's zu, ich führe Selbstgespräche – aber nicht etwa, weil ich verrückt bin, sondern weil in diesem

Haus keiner so weise ist wie ich. Also, mit wem sollte ich sonst reden?«

Vielleicht ist sie ja dank ihres Humors so alt geworden. Wie dem auch sei, ihre Lebensphilosophie erinnert stark an die eines griechischen Philosophen, der viele Jahre vor ihr gelebt hat.

Die Epikureer und ihr Denkansatz

Epikur lebte im 3. Jahrhundert v. Chr., und seine Lehren setzen sich zu einem großen Teil mit der Erlangung eines seelischen Gleichgewichtzustands, auch Ataraxie genannt, auseinander. Von Epikurs umfangreichem Schaffen ist allerdings nur sehr wenig erhalten. Das Werk, das uns am vollständigsten vorliegt, sind die sogenannten Hauptlehrsätze, eine Sammlung von etwa vierzig Aphorismen zum Thema Ethik. Die übrigen Werke sind nur noch bruchstückhaft vorhanden, trotzdem spiegeln sich in ihnen allen Menschlichkeit, eine edle Gesinnung und eine außergewöhnliche philosophische Unerschrockenheit. Wie es scheint, ließ auch Epikur auf Worte Taten folgen. Die Christen bekämpften ihn, weil er weder an das Konzept der göttlichen Intervention noch an die Unsterblichkeit der Seele glaubte (Dante etwa lässt Epikur in seinem *Inferno* im sechsten Kreis der Hölle schmoren), während im Jüdischen das Adjektiv epikureisch auf Freigeister im Allgemeinen gemünzt ist und insbesondere auf Menschen, die Gott und den Glauben infrage stellen.

Tetrapharmakos – das vierfache Heilmittel

Dies sind die vier Prinzipien, die uns nach Epikur Seelenfrieden bringen sollen:

1. Wir müssen Gott nicht fürchten.
2. Wir müssen den Tod nicht fürchten.
3. Wir können Schlimmes ertragen.
4. Wir können uns Gutes erarbeiten.

Im Folgenden werde ich die ersten drei Prinzipien kurz erläutern und mich mit dem vierten etwas länger auseinandersetzen.

1. Wir müssen Gott nicht fürchten

Es besteht für uns kein Grund, Gott zu fürchten, denn laut Epikur greift Gott – vorausgesetzt, er existiert – nicht in unser Leben ein. Die Menschen sind schlichtweg nicht wichtig genug, um von ihm bestraft oder belohnt zu werden. Wäre es denn nicht der Gipfel der Vermessenheit und eine schwere Sünde, anzunehmen, dass sich Gott für unsere persönlichen Angelegenheiten interessiert?

> *Wenn wir mit Gott sprechen, beten wir.*
> *Wenn Gott mit uns spricht, sind wir schizophren.*
>
> Jane Wagner
> (Lily Tomlins Ehefrau und Gag-Schreiberin)

> *Gott existiert, aber ich bin trotzdem Atheist.*
>
> Unbekannter Komiker

Ich würde es vorziehen, wenn Gott Gnade vor Recht ergehen ließe.

Miguel de Cervantes

Ich fürchte um mein Land, wenn ich mir vorstelle, dass Gott gerecht ist; dass sein Sinn für Gerechtigkeit nicht ewig schlafen kann.

Thomas Jefferson

2. Wir müssen den Tod nicht fürchten

Die größte Angst ist bei den meisten Menschen wohl die vor dem Tod, was Epikur jedoch nicht nachvollziehen kann.

Solange wir hier sind, ist es der Tod nicht, und wenn er kommt, sind wir nicht mehr da. Wir lernen den Tod nie kennen, warum also fürchten wir uns vor ihm?

Frei nach Epikur

3. Wir können Schlimmes ertragen

Mit großem Mitgefühl wendet sich Epikur an alle Menschen, die unter Missbildungen, altersbedingten oder sonstigen Gebrechen oder quälenden tödlichen Krankheiten leiden. Er legt ihnen ans Herz, ihre Schmerzen und die Umstände, denen sie nicht entkommen können, tapfer zu ertragen. Und wie bereits oben erwähnt, hielt er sich an die eigenen Grundsätze. Epikur wurde fast sein ganzes Leben lang von Krankheiten geplagt, ließ sich davon jedoch weder entmutigen noch die Lust am Leben nehmen.

> *Der Schmerz dauert nicht ununterbrochen im Fleische, sondern der heftigste Schmerz währt nur sehr kurze Zeit.*
>
> Epikur

Epikur vertrat sogar dieselbe Meinung wie der große deutsche Philosoph der Nacht, der schrieb:

> *Was mich nicht umbringt, macht mich stärker.*
>
> Friedrich Nietzsche

Epikur behauptete nicht, dass ein Leben ohne Leid möglich sei, aber er versuchte, alles, was ihm im Leben widerfuhr, mit Würde und Gelassenheit anzunehmen. Er hatte keine Angst vor körperlichem Schmerz, der seiner Ansicht nach weniger schlimm ist als seelischer Schmerz. Körperliche Schmerzen existieren nur in der Gegenwart, argumentierte er, während seelischer Schmerz zwar meist in der Gegenwart verwurzelt ist, manchmal aber auch in der Vergangenheit und bisweilen sogar in der Zukunft.

4. Wir können uns Gutes erarbeiten

In diesem Grundsatz präsentiert uns Epikur sein Erfolgsrezept für ein glückliches Leben. Wie meine aufmerksamen Leser bereits erkannt haben dürften, hält sich mein Glaube an »Glücksrezepte« in Grenzen, wenn wir jedoch unbedingt eines bestimmen müssten, würde ich mich am ehesten für dieses entscheiden.

Zunächst schreibt Epikur über das Thema Freundschaft. Seiner Ansicht nach ist Freundschaft das allergrößte Gut.

Als Nächstes benennt Epikur zwei Arten von Schmerz, die unserem Glück im Weg stehen: der körperliche und der seelische Schmerz. Die Auslöser körperlichen Leidens sind beispielsweise Hunger, Durst oder Kälte, während seelische Qualen überwiegend von Ängsten verursacht werden. Dadurch, dass wir uns von diesen Leiden befreien, so Epikur, erlangen wir einen Zustand der Ruhe und Gelassenheit, und damit haben wir den richtigen Weg auf der Suche nach Glückseligkeit eingeschlagen. Schmerz- und Bedürfnislosigkeit sind laut Epikur also essenziell. Er propagiert zwar nicht den Verzicht auf Genüsse, ruft aber zu Mäßigkeit bei der Stillung unserer Begierden und Gelüste auf, da sich daraus sonst Unannehmlichkeiten ergeben können, die größer wären als der Genuss.

Des Weiteren warnt er vor den schädlichen Auswirkungen des Strebens nach Ruhm und Anerkennung sowie vor Geiz, Lust, Gier, Neid, Überheblichkeit und Vermessenheit oder Eitelkeit. Epikur weist darauf hin, dass es unmöglich ist, auf ehrliche Weise zu großem Besitz zu gelangen, und dass das Streben nach materiellen Gütern den Aufwand nicht lohnt, weil Besitz nur seelische Unruhe verursacht.

Wem genug zu wenig ist, dem ist nichts genug.

Epikur

Wer ist reich? Der sich mit seinem Teil begnügt.

Sprüche der Väter

Alles, was du besitzt, besitzt irgendwann dich. Erst nachdem wir alles verloren haben, haben wir die Freiheit, alles zu tun.

Tyler Durden in *Fight Club*

Was seelische Schmerzen (also Ängste) angeht, so vertrat Epikur die Auffassung, dass wir uns meist völlig grundlos Sorgen machen. Ich glaube, dieses Zitat meiner Großmutter würde er ohne zu zögern unterschreiben:

Kein Feind kann sich mit unserem schlimmsten Feind messen – mit unseren Gedanken.

Wenn Sie mich fragen, haben sowohl Epikur als auch meine Großmutter absolut recht. Denken wir doch nur einmal daran, welch bizarre Probleme uns beschäftigen: Woraus besteht das Universum? Ist es endlich oder unendlich? Dehnt es sich aus, oder schrumpft es? Gibt es intelligentes Leben auf dem Mars? Zugegeben, viele Menschen haben weit profanere Sorgen, angefangen von finanziellen Schwierigkeiten über Krankheiten in der Familie und Probleme mit ihren Kindern bis hin zu der besorgniserregenden Lage der Wirtschaft ihres Landes.

Tatsache ist: Epikur verfolgte im Grunde nur ein Ziel: ein glückliches Leben in Seelenruhe zu führen (und falls einem das verwehrt sein sollte, zumindest möglichst wenig zu leiden).

Wollen wir das nicht alle? Eine Prise Unbekümmertheit ist laut diesem weisen griechischen Gelehrten mitunter das Wichtigste im Leben. Die meisten Sorgen bereiten uns nämlich Ereignisse, die gar nie eintreten.

Zum besseren Verständnis hier ein Beispiel:

Stellen Sie sich vor, Sie sitzen in einem Flugzeug, das sich auf dem Weg nach Thailand befindet. Wie viel Spaß macht so ein Flug, wenn man die ganze Zeit über so erfreuliche Gedanken hat wie: Was, wenn die Maschine abstürzt? Und falls wir heil ankommen: Was, wenn ein Tsunami unser Hotel in ein schwimmendes Gästehaus verwandelt? Womöglich verderbe ich mir den Magen und werde krank, oder ich erleide einen Herzinfarkt, oder ich lasse mich massieren und kann mich danach nicht mehr bewegen. Was, wenn mich mein Boss in meiner Abwesenheit feuert? Oder wenn meine Tochter mit einem Inuit durchbrennt, der eine Modelagentur am Nordpol leitet? Was, wenn ich das Flugzeugessen nicht vertrage und den ganzen Urlaub auf dem Lokus verbringe?

Ich kann nur hoffen, dass keiner meiner Leser auch nur im Entferntesten so denkt. Nach Epikur besteht jedenfalls kein logischer oder wahrscheinlichkeitstheoretischer Grund, derartige Befürchtungen zu hegen, und zwar schlicht deshalb, weil so gut wie keine dieser Widrigkeiten tatsächlich eintreten wird.

Spielen wir das Ganze doch einmal gedanklich durch:

Angenommen, mein Flugzeug stürzt tatsächlich ab, so kann es mir herzlich egal sein, ob eine Flutwelle mein Hotel am Urlaubsort fortschwemmt oder nicht. Es ist also müßig, sich deswegen Sorgen zu machen. Und falls ich samt meinem Hotel von einer Flutwelle fortspült werde, kann es mir egal sein, ob mein Boss beschlossen hat, mich zu feuern oder nicht. Soll er doch machen, was er will!

Und Sie werden mir darin zustimmen, dass folgendes Szenario absolut ausgeschlossen ist: Ich befinde mich im Flugzeug, irgendwo über dem Meer. Der Pilot verkündet, dass wir abstürzen werden und zu allem Überfluss ein Seebeben direkt unter uns eine gigantische Flutwelle ausgelöst hat. In meiner Panik bekomme ich Herzflattern und erleide einen schweren Herzinfarkt. Ich presse mir die Hand auf die Brust und ertaste bei dieser Gelegenheit einen großen Knoten. Herrje, das ist bestimmt ein bösartiger Tumor! Ich zittere schon vor Angst ... Ach so, nein, das war doch bloß mein vibrierendes Telefon. Mein Boss ist dran. Er eröffnet mir, dass ich gefeuert bin. Kaum hat er aufgelegt, klingelt es erneut, und meine Tochter verkündet, dass sie den Rest ihres Lebens in einem Iglu zu verbringen gedenkt. Mir wird schlecht, was zweifellos am Flugzeugessen liegt ...

Nicht einmal I-Ah, der pessimistische Esel, würde ein derartiges Szenario für realistisch halten. Eine solche Häufung von Katastrophen ist absolut ausgeschlossen, also gibt es auch keinen Grund, sich davor zu fürchten.

Epikur sagt: Was auch immer geschehen soll, wird so oder so geschehen. Aber auch das ist seiner Ansicht nach kein Grund, sich graue Haare wachsen zu lassen, denn die Probleme, mit denen wir konfrontiert werden, tauchen ja mehrheitlich überraschend auf, sprich, die Dinge passieren meist, ohne dass wir mit ihnen gerechnet haben. Also hat es auch keinen Sinn, sich vorab darüber Sorgen zu machen.

Epikur stellt uns mit seinem Aufruf, dass wir uns nicht grundlos Sorgen machen sollen, vor eine große Herausforderung, denn es ist schon in der Theorie schwierig und noch schwieriger, in die Praxis umzusetzen. Wir mögen hervorragende Ratschläge parat haben, aber wir nehmen sie uns nur sehr selten zu Herzen.

Die größte Tragödie des Menschen ist, dass er keine Bremse hat, die bei Bedarf einen Gedanken oder gar den gesamten Denkprozess zum Stillstand bringen könnte.

Paul Valéry

Valéry hat recht. Unsere Gedanken sind wie ein Auto ohne Bremsen. Man kann sie nicht willentlich anhalten. Nicht einmal eine Sekunde lang. Wir können das Denken nicht einstellen. Aber vielleicht können wir ja zumindest unsere Gedanken in eine ersprießlichere Richtung lenken? Lesen Sie weiter.

GEDANKEN ZU GLÜCK, PESSIMISMUS UND KINDHEITSERINNERUNGEN

Bekanntlich ist es uns Menschen unmöglich, »glücklich bis an unser Lebensende« zu sein, wie es im Märchen so schön heißt. Unser alter Freund Sigmund Freud glaubte ja auch nicht daran, dass fortwährendes Glücklichsein Teil des Schöpfungsplans sei. Falls es dennoch Menschen geben sollte, die jede einzelne Sekunde ihres Lebens glücklich sind, so empfehle ich ihnen Einrichtungen, in denen hervorragende Ärzte sie von dieser eigenartigen Geisteskrankheit heilen können.

Glück ein Leben lang! Niemand könnte es ertragen; es wäre die Hölle auf Erden.

George Bernard Shaw

Niemand kann rund um die Uhr glücklich sein, Tag für Tag, Jahr für Jahr, so viel ist klar, aber jeder von uns erfährt zumindest Augenblicke der Glückseligkeit und kurze Phasen der Gelassenheit, und bisweilen verspüren wir sogar inneren Frieden und Zufriedenheit mit dem Verlauf unseres Lebens.

Ein ganz einfacher Ansatz wäre es daher wohl, wenn wir alles in unserer Macht Stehende unternähmen, um möglichst viele dieser Momente in unserem Leben zu sammeln. Denn einzig und allein auf sie kommt es an. Das Problem ist nur: Man kann sich solche Momente nicht maßschneidern lassen oder online bestellen, und mitunter kann das Streben nach Glück sogar das größte Hindernis auf dem Weg ins Glück darstellen.

Wenn man das Haus des Glücks baute, dann wäre der größte Raum das Wartezimmer.

Jules Renard

Ich behaupte, dass zwischen Glückseligkeit und Elend ein breiter, tiefer Graben liegt, in dem wir den Großteil unseres Lebens verbringen. Und in Anbetracht der Tatsache, dass die Momente des Glücks in unserem Dasein so selten sind, finde ich es umso trauriger, dass es vielen von uns nicht einmal bewusst wird, wenn sich denn mal ein solcher einstellt. Sehr oft wird uns erst klar, dass wir einen Augenblick der Glückseligkeit erlebt haben, wenn er vorbei ist und die Zeit uns eine neue Sichtweise eröffnet hat.

Dostojewski schrieb, dass uns in den schwierigsten Momenten des Lebens weder unsere Erziehung noch unsere Erfahrungen helfen. Vielmehr sind es die Kindheitserinnerungen, die uns die nötige Kraft geben, durchzuhalten und weiterzumachen. Eine besonders schöne Erinnerung ist der beste Schutz vor all dem Übel, mit dem sich jeder von uns früher oder später konfrontiert sieht.

In meiner schönsten Kindheitserinnerung spielt mein Vater eine zentrale Rolle. Als ich ein kleiner Junge war, vergnügten sich die Kinder aus unserem Viertel im Winter mit Skiern, Schlitten oder sogar mit Plastiktüten bewaffnet auf einem schneebedeckten Hügel in der Nähe. Ich war vielleicht sieben oder acht, als mein Vater einen Holzschlitten kaufte und mit mir auf besagten Hügel stieg, der meist von einem gefährlichen Gemisch aus Schnee und Eis überzogen war.

Oben angekommen, setzte er mich auf den Schlitten, erteilte mir Anweisungen und klärte mich wortreich über die Risiken des Schlittenfahrens auf. Kaum hatte er meinen Arm losgelassen, düste ich begeistert los und kam wohlbehalten unten an – im Gegensatz zu meinem Vater, der neben mir hergelaufen war, um mir Tipps zu geben und mich vor allerlei Gefahren zu warnen, und auf dem total vereisten Hügel einige Male ausgerutscht und hingefallen war.

Die Umstehenden hatten das Spektakel lachend verfolgt, und ich wäre damals vor Scham am liebsten im Boden versunken. Was gibt es Peinlicheres für ein Kind als einen überfürsorglichen Vater, der sich vor aller Welt zum Affen macht? Trotzdem wollte ich es gleich noch einmal versuchen. Doch beim zweiten Mal war es dasselbe Spiel, und so verlor ich den Spaß daran und ließ das Schlittenfahren bis auf Weiteres bleiben.

Damals ahnte ich noch nicht, wie viel mir diese Erinnerung später einmal bedeuten würde. Wann immer ich heute an dieses Erlebnis zurückdenke, geht mir vor Freude das Herz auf, denn es führt mir vor Augen, dass mich mein Vater über alles geliebt und sich sehr um mein Wohl gesorgt hat.

Und nun machen wir einen gewaltigen Sprung von meinen Kindheitserinnerungen zu einer interessanten logischen Ungereimtheit: Pessimistische Philosophen sind der Auffassung, das Leben sei eine einzige Aneinanderreihung von Nichtigkeiten und ganz allgemein kaum zu ertragen, und trotzdem klagen sie, es sei zu kurz und viel zu schnell vorbei. Seltsam, oder? Übrigens glauben viele dieser Philosophen, Pessimismus weise auf einen überdurchschnittlich hohen IQ hin. Ich weiß nicht recht ...

Als ich mich vor Jahren mit der Evolution beschäftigte, wurde mir klar, dass sie offenbar die Ursache für unseren Pessimismus ist. Schuld daran trägt unser Gehirn, genauer: die Amygdala. In grauer Vorzeit, als unsere Vorfahren noch ums nackte Überleben kämpfen mussten, wurden sie darauf konditioniert, bei einem Rascheln in einem Busch eher an einen sich anschleichenden Tiger zu denken als an eine verirrte Märchenfee. Und seither scheint Pessimismus sozusagen unser geistiger »Default Mode«, die standardmäßige Voreinstellung, zu sein.

Ich muss einräumen, dass ich früher selbst ein glühender Anhänger der pessimistischen Philosophie war, von Buddha bis zu Schopenhauer. Eines meiner geschätzten Vorbilder war Oswald Spengler, auf den der Spruch »Optimismus ist Feigheit« zurückgeht. Sehr beeindruckt war ich auch von den zynisch-pessimistischen Bonmots von Gorgias von Leontinoi, Franz Kafka, Sigmund Freud, Mark Twain, Anton Tschechow und vielen anderen. Mit der Zeit wurde ich allerdings klüger, und heute vertrete ich die Auffassung:

Pessimismus ist meist ein Ausdruck intellektueller Faulheit.

Frei nach Colin Wilson

Wie simpel und wahr dieser kurze Satz doch ist! Es ist so einfach, stets pessimistisch, verärgert und enttäuscht zu sein, immerzu darauf hinzuweisen, dass alle Menschen käuflich sind und alles schlecht ist und nie besser werden wird. Dass die Welt, wenn wir einmal sterben, noch genauso korrupt und dumm und böse sein wird wie an dem Tag, an dem wir geboren wurden. Isaac Bashevis Singer sagte einmal, jeder Idiot, der Endzeitszenarien verbreite, könne als Prophet gefeiert werden. Es gehört wirklich nicht allzu viel Grips dazu, zu erkennen, dass die Welt in einem beklagenswerten Zustand ist. Dass alles immer schlechter wird und das Licht am Ende des Tunnels von einer Lokomotive stammt, die auf uns zurast und vor der es kein Entkommen gibt.

Jeder, der lange genug auf diesem Planeten gelebt hat, weiß, dass Pessimismus die uns angeborene, natürliche Lebenseinstellung ist. Negatives Denken erfordert keinerlei Anstrengung. Es ist ein Selbstläufer, vergleichbar mit einem Felsbrocken, der über einen Abhang in die Tiefe kollert. Den Felsen nach oben zu befördern, sprich, positiv zu denken, ist deutlich beschwerlicher. Es ist eine Herausforderung, so zu denken wie Pu der Bär, der alles schön und faszinierend findet – aber genau das ist eine Mission, die eines klugen Menschen würdig ist.

Gut möglich, dass Pessimisten über kurz oder lang recht behalten, aber die Optimisten genießen die Reise.

Du bist, wo deine Gedanken sind.
Sieh zu, dass deine Gedanken da sind, wo du sein möchtest.

Dieser Aphorismus mag klingen wie ein Spruch aus dem Weltbestseller *The Secret*, aber er stammt von Rabbi Nachman von Brazlaw, und auch Buddha, Marc Aurel, Epiktet und Tolstoi (um nur einige zu nennen) hatten Varianten davon auf Lager. Offenbar handelt es sich hier also um kein großes Geheimnis. Die Aussage »Wir sind, wo unsere Gedanken sind« ist so wahr, dass es nicht weiter überrascht, dass so viele kluge Männer unabhängig voneinander zu demselben Schluss gekommen sind.

Manche Menschen glauben, man würde sie für ausgesprochen weise halten, wenn sie sich andauernd über alles und jeden beschweren. Aber:

Es zeugt von schlechtem Geschmack, wenn jemand ständig mit Weisheiten auftrumpft – das erweckt den Anschein, als wäre er auf einer nie endenden Beerdigung.

D. H. Lawrence

DER LETZTE TANGO IN VENEDIG

Vor ein paar Jahren reisten meine Frau und ich mit Freunden nach Italien. Gleich zu Beginn unserer Rundreise legten wir einen zweitägigen Zwischenstopp in Venedig ein. Im Laufe dieser zwei Tage entpuppte sich einer unserer Mitreisenden als ausgesprochen kluger und weltgewandter Mann, der uns unentwegt an seinem enormen Wissen teilhaben lassen musste, während wir durch die Kanäle von Venedig gondelten. Als Erstes informierte er uns darüber, dass die Stadt der Paläste allmählich in sich zusammenstürzt und in dreißig oder allerspätestens vierzig Jahren im Meer versinken wird. Dann machte er uns auf das miserable Kanalisationssystem von Venedig aufmerksam und wies uns darauf hin, dass der Montepulciano, den man uns am Abend zuvor zum Dinner serviert hatte, von 2001, wenn nicht gar (Gott bewahre!) von 2003 gewesen war, obwohl wir einen 1997er bestellt hatten. »Man hat uns über den Tisch gezogen«, sagte er.

Und so ging es die ganze Zeit weiter. Ohne Unterlass fütterte dieser »Freund« mein Gehirn mit unerfreulichen Fakten, gerade so, als wäre er wild entschlossen, mir meinen Urlaub zu verderben. Eines war ihm allerdings nicht klar: Ich wusste fast alles, was er auch wusste, aber ich zog es vor, mir ein Beispiel an meinem wunderbaren Lehrmeister Pu zu nehmen und meine Umgebung durch eine rosa getönte Brille zu betrachten. Mir ist durchaus bewusst, dass Venedig versinkt – genau das verleiht der Stadt ja schließlich ihren besonderen Reiz. In Las Vegas und in Macau wurden Teile von Venedig nachgebaut, und diese Kopien, die sich nicht im Stadium fortgeschrittenen Zerfalls befinden, werden in punkto Charme niemals mit dem Original mithalten können.

Gut, das Kanalysationssystem von Venedig mag Mängel aufweisen, aber es hat ja auch schon mehrere Hundert Jahre auf dem Buckel. Also, ein bisschen mehr Nachsicht, bitte schön! Wann haben Sie zuletzt ein Produkt mit einer hundertjährigen Garantie gekauft?

Zugegeben, das mit dem Wein war unerfreulich, aber was soll's? Immerhin hatte sich der Ober unseretwegen

Gedanken gemacht, wenn auch nicht gerade die schmeichelhaftesten. Natürlich fand ich es ärgerlich, dass er offenbar annahm, er könne ein paar ahnungslose Touristen austricksen, aber ich lasse mir von solchen Belanglosigkeiten nicht die schönen Augenblicke verderben, die, wie wir bereits gehört haben, ohnehin selten genug sind. Denn genau das sind später die Momente, an die wir uns erinnern. Ein kluger Mann sagte einst: »Mit schönen Erinnerungen erschaffen wir uns ein Paradies, aus dem uns niemand verbannen kann.«

Wie dem auch sei, das war meine letzte Reise mit besagtem Freund. Er ruft mich noch gelegentlich an und erkundigt sich, wann ich denn wieder einmal wegzufahren gedenke, worauf er jedes Mal dieselbe Antwort erhält: »Tut mir leid, ich bin eben erst zurückgekommen.«

DIE GROSSE (TRÜGERISCHE) GLÜCKSSTUDIE

Reporter: »Sind Sie glücklich, Monsieur?«
Charles de Gaulle: »Sie halten mich wohl für einen Idioten?«

In einer der faszinierendsten Umfragen, die ich je durchgeführt habe, ging es um die glücklichsten Augenblicke im Leben der Befragten.

Die Teilnehmer erhielten ein leeres Blatt Papier, fünf Minuten Zeit und den Auftrag, den glücklichsten Moment ihres Lebens zu beschreiben. Mehrfachnennungen waren erlaubt.

Ehe ich das Ergebnis der Umfrage offenlege, möchte ich Sie, liebe Leserinnen und Leser, bitten, sich ebenfalls fünf Minuten Zeit zu nehmen und zu überlegen: Was war der glücklichste Moment Ihres Lebens? Und welches der zweitglücklichste? Gibt es auch noch einen dritten? Wie viele können Sie in fünf Minuten niederschreiben?

Also: Auf die Plätze, fertig, los!

Ich möchte hinzufügen, dass sich unser Empfinden in dieser Hinsicht mit der Zeit ändern kann. Jeder von uns hat bereits Augenblicke des Glücks erlebt, die im Nachhinein einen schalen Nachgeschmack bekamen. Im umgekehrten Falle erkennen wir manchmal erst Jahre später, dass wir glücklich waren.

> *Man müsste Gott selber sein, um die Erfolge von den Misserfolgen unterscheiden zu können, ohne sich zu irren.*
>
> Anton Tschechow

Glück? Welches Glück?

Ich fand es traurig, dass etliche der älteren Teilnehmer ein leeres Blatt Papier abgaben – entweder, weil ihnen kein einziger Glücksmoment eingefallen war, oder, weil sie beschlossen hatten, die Frage nicht zu beantworten, was auch irgendwie traurig ist. Manche meiner Studenten konnten sich nicht daran erinnern, schon einmal einen Augenblick des Glücks erlebt zu haben, aber Studenten sind ja zum Glück noch jung, es gibt also noch Hoffnung für sie.

Wir sind nie so glücklich oder so unglücklich, wie wir denken.

François de La Rochefoucauld

Glück ist nicht gleich Glück

In Anbetracht der frappierenden Unterschiede zwischen den Antworten der weiblichen und denen der männlichen Teilnehmer fragte ich mich bisweilen, ob die Teilnehmer meiner Studie überhaupt auf demselben Planeten lebten. Ich musste an eine Freundin denken, die Professorin für Gender Studies und eine glühende Verfechterin des Feminismus ist. Auf einem Aufkleber an ihrem Auto steht »Ich denke, also bin ich Single«. (Tja, da sind Sie wohl nicht drauf gekommen, was, Monsieur Descartes?)

Wenn Sie die Bewunderung vieler Männer gegen die Kritik eines einzelnen eintauschen wollen, dann los, heiraten Sie!

Katharine Hepburn

Jedenfalls reagierte meine Bekannte etwas pikiert, als ich ihr von den großen Unterschieden zwischen Frauen und Männern erzählte. Sie sagte, es gebe keine wesentlichen Unterschiede zwischen den Geschlechtern, einmal abgesehen von der Tatsache, dass Männer auf Frauen stehen, während Frauen auf Männer stehen (jedenfalls zum größten Teil).

Ich beharrte darauf, dass es Tausende von großen und kleinen Unterschieden zwischen den Geschlechtern gibt. Einer der Unterschiede basiert auf der einfachen

Tatsache, dass Frauen vieles von einem einzigen Mann wollen, Männer dagegen wollen von vielen Frauen nur das Eine.

Ab da wird es kompliziert, und genau deshalb bitte ich die Teilnehmer meiner Umfragen immer, ihr Geschlecht anzugeben.

Sehen wir uns nun also die Ergebnisse meiner Untersuchung an. Ladies first.

Was macht Frauen glücklich?
Ich habe mein ganzes Leben lang darüber nachgedacht, was Frauen wollen, aber selbst jetzt, da ich alt und weise bin, habe ich nicht die geringste Ahnung.

Frei nach Sigmund Freud

Als ich mir die Antworten der weiblichen Studenten ansah, stieß ich auf keine sonderlich aufregenden Ergebnisse. Hier eine willkürlich getroffene Auswahl ihrer Antworten:

- Fallschirmspringen mit einem süßen Tandemmeister
- Die Aufnahme an dieser Uni
- Meine Katze ist wieder gesund
- Ich habe mich selbst kennengelernt
- Der Sonnenuntergang auf Ko Phi Phi
- Eine Reise nach Südamerika (*Reisen sind wohl sehr beliebt*)
- Ich habe meinen Freund kennengelernt
- Mir ist klar geworden, dass mein Ex mich noch liebt! (*Das Ausrufezeichen stammt von der Teilnehmerin*)
- Die Teilnahme an einem Vipassana-Seminar

- Meine Reise nach Costa Rica (*Reisen scheinen wirklich hoch im Kurs zu stehen*)
- Mein erster Kuss (*Na, endlich!*)
- Eine Neuseelandreise (*Okay, ich hab's kapiert, die Leute verreisen gern*)
- Der Abschluss an der Offiziersschule
- Eine Ménage-à-trois
- Der Tag, an dem ich einen Heiratsantrag bekam
- Meine Reise nach Indien (*Stöhn …*)

So weit ein erster kleiner Überblick. Nicht besonders spannend, wie Sie sehen.

Die Antworten der etwas älteren Teilnehmerinnen erschienen mir schon interessanter, wenngleich es auch in diesem Fall keine großen Überraschungen gab. Hier fielen die Antworten allerdings bedeutend homogener aus als bei den jungen Frauen. Ahnen Sie schon, welches Ereignis am häufigsten genannt wurde?

Ich wette, meine Leserinnen haben es erraten. Und ich wette, die Leser haben keinen blassen Schimmer.

Die überwiegende Mehrzahl der Frauen schrieb, der glücklichste Augenblick ihres Lebens sei gewesen, als sie ein Kind zur Welt gebracht haben.

Spätestens jetzt dämmert wohl einigen der Männer, die dies hier lesen, was die schockierende Botschaft zwischen den Zeilen ist: Ganz recht, meine Herren, die wenigsten von Ihnen spielen die Hauptrolle in der glücklichsten Erinnerung Ihrer Göttergattin. Aber vielleicht muntert es die Herren ja ein bisschen auf, wenn ich Sie daran erinnere, dass Sie vermutlich die Hauptrolle in der schönsten Erinnerung Ihrer Mutter spielen.

Der Mann ist für das Weib ein Mittel: der Zweck ist immer das Kind.

Friedrich Nietzsche

Daneben getippt

Nach Durchführung obengenannter Umfrage startete ich eine zweite. Diesmal wollte ich von Männern wissen, was ihrer Meinung nach der glücklichste Augenblick im Leben ihrer Frau war. Das Resultat war: Wenn es um ihre Göttergattin geht, sind Männer absolut ahnungslos. Hier eine typische Auswahl ihrer Antworten:

- Unsere erste Begegnung
- Der Moment, in dem ich meine Frau das erste Mal umarmt habe
- Der Moment, in dem ich ihr den Antrag gemacht habe (*dieses Ereignis wurde tatsächlich von einigen Frauen genannt, aber längst nicht so häufig wie die Geburt, und auch die Hochzeit kam oft nur an dritter, vierter oder fünfter Stelle*)
- Unser erster Kuss
- Der Augenblick, in dem meiner Frau klar wurde, dass sie den Rest ihres Lebens mit mir verbringen will

Wann immer ich in einem meiner Vorträge darauf zu sprechen komme, kugeln sich die Frauen im Publikum vor Lachen, während die Männer mit verständnisloser Miene dasitzen.

Zwei Dinge sind unendlich: Das Universum und die menschliche Dummheit. Aber beim Universum bin ich mir noch nicht ganz sicher.

Albert Einstein

Ein nicht repräsentatives, aber wichtiges Beispiel

Nachdem ich die Ergebnisse meiner Umfrage ausgewertet hatte, beschloss ich, meine Frau nach dem glücklichsten Augenblick ihres Lebens zu befragen. Auf der Fahrt nach Hause überlegte ich, wie ich es angehen sollte. Wie konnte ich die Frage formulieren, um nicht enttäuscht zu werden? Als wir dann am Küchentisch saßen, sagte ich: »Liebes, ich habe kürzlich eine Umfrage durchgeführt, in der mir die Teilnehmer die glücklichsten Ereignisse ihres Lebens nennen sollten, und das Resultat erscheint mir ausgesprochen abwegig. Stell dir vor, die meisten Frauen haben als glücklichsten Moment ihres Lebens die Geburt ihres Kindes angeführt! Ich kann nur hoffen, dass du die Sache anders siehst, und wäre dir sehr dankbar für eine ehrliche Antwort.«

Meine Frau schüttelte sogleich den Kopf. »Der Augenblick der Geburt?«, sagte sie. »Nein, auf keinen Fall.«

Ich war stolz auf sie. Sie überlegte kurz, dann fügte sie hinzu: »Es ist nicht der Augenblick der Geburt – der ist schmerzhaft und traumatisch. Es ist der Moment unmittelbar *danach*.«

Frauen, Männer und Versicherungspolicen

Ich habe noch eine weitere Geschichte zu diesem Thema auf Lager. Vor vielen Jahren hielt ich einen Vortrag vor den leitenden Angestellten eines großen Versicherungsunternehmens, in dem ich unter anderem berichtete, was für die Teilnehmerinnen meiner Studie der ultimative Glücksmoment gewesen war. Daraufhin meldete sich einer der Manager aufgeregt zu Wort und erklärte, Umfragen seiner Firma zufolge würden Männer, die eine Lebensversicherung abschlössen, fast immer ihre Frau als begünstigte Partei einsetzen (genau das hatte ich selbst übrigens auch getan), während Frauen sehr oft die Namen ihrer Kinder als Begünstigte angeben (was meine Leserinnen nicht groß überraschen wird, doch als typischer Mann weiß ich, dass diese Tatsache für Männer höchst erstaunlich ist).

Das Versicherungsunternehmen befragte seine Kundinnen damals auch nach dem Grund für diese Entscheidung.

Die Antwort lautete mehrheitlich: »Es liegt doch auf der Hand, warum meine Kinder mein Geld bekommen sollen, falls ich sterbe. Mein Mann wird höchstwahrscheinlich noch einmal heiraten, und dann ist die Nutznießerin seine zweite Frau, und das ist ja nun nicht der Sinn der Sache.«

Dieses Argument warf zwei interessante Fragen auf: Erstens: Warum machen sich Frauen, die tendenziell länger leben als ihre Ehemänner, Gedanken über ihre Nachfolgerin?

Und zweitens: Warum ziehen offenbar nur sehr wenige Ehemänner in Betracht, dass ihre Frau noch einmal heiraten könnte? Ich schätze mal, es hat mit der oben erwähnten männlichen Dummheit zu tun. Wie es scheint, halten sich viele Männer für absolut außergewöhnlich, einzigartig und unersetzlich und kommen gar nicht erst auf die Idee, dass ihre Frauen ein zweites Mal den Bund der Ehe schließen könnten, falls sie sterben.

So, und nun zum glücklichsten Augenblick im Leben der männlichen Umfrageteilnehmer. Ich glaube, wenn wir den erst kennen, ist sonnenklar, warum Frauen ihre Kinder als Nutznießer ihrer Lebensversicherungen einsetzen: Weil Kinder deutlich weniger infantil sind als so mancher erwachsene Mann.

Was macht Männer glücklich?

Es mag Freud nicht gelungen sein, zu eruieren, welches die größten und geheimsten Wünsche der Frauen sind, aber er wusste zweifellos, was Männer begehren. Und damit war er nicht allein. Glaubt man etwa dem tschechischen Schriftsteller Milan Kundera, haben Männer zwei große Wünsche, und der, der Ihnen vermutlich als Erstes einfällt, kommt erst an zweiter Stelle. Der primäre Wunsch eines Mannes ist es laut Kundera, als notorischer Sünder zu gelten.

Als mir diese Aussage das erste Mal unterkam, zweifelte ich an ihrer Richtigkeit, aber mittlerweile bin ich zu der Überzeugung gelangt, dass Kundera recht hat. Um seine These zu untermauern, möchte ich an dieser Stelle eine fiktive Geschichte mit Max Mustermann in der Hauptrolle erzählen.

Nehmen wir mal an, Max hat zwei Optionen zur Auswahl. Variante eins: Er kann eine Nacht mit Penélope

Cruz, Beyoncé und Adriana Lima verbringen, hat aber danach keine Möglichkeit, es zu beweisen – weshalb es ihm natürlich auch keiner glauben wird, außer vielleicht der Psychiater seines Vertrauens, und der wird ihm vermutlich ein paar Tabletten verschreiben. Variante zwei: Max verbringt die Nacht allein zu Hause, erhält jedoch ein notariell beglaubigtes Schreiben, in dem steht:

Lieber Max,

Danke für diese Wahnsinnsnacht.

Wir haben noch nie einen Mann wie dich kennengelernt, wahrscheinlich, weil es keinen zweiten wie dich gibt.

In Liebe, deine größten Fans

Penélope, Beyoncé und Adriana

Sie erraten bestimmt, für welche Variante er sich entscheiden wird.

Die Ergebnisse meiner Umfrage bestätigten Kunderas These übrigens ebenfalls: Viele Männer (und zwar nebenbei bemerkt Männer aller Altersgruppen) hatten ihre Antworten anonym abgegeben und ganz offensichtlich das Bedürfnis verspürt, andere zu beeindrucken und sich als notorische Verführer zu profilieren. Die von ihnen beschriebenen Augenblicke des Glücks können zensurbedingt leider keinen detaillierten Eingang in dieses Buch finden. In den Erinnerungen an die glücklichsten Momente ihres Lebens ging es um Sex, Sex und nochmals Sex.

Und jetzt raten Sie mal, wie viele Männer angaben, die Geburt ihres Kindes sei der glücklichste Augenblick ihres Lebens gewesen. Ganze 14 Prozent.

Als ich diese Zahl in einem meiner Vorträge nannte,

erhob sich ein Mann aus dem Publikum und sagte, das könne nicht stimmen – das seien deutlich mehr, als er erwartet habe. Er äußerte die Vermutung, die meisten Männer hätten mit der Angabe »Geburt« wohl eher ihre eigene gemeint, und riet mir, die betreffenden Antworten dahingehend noch einmal unter die Lupe zu nehmen.

Natürlich waren auch die »üblichen Verdächtigen« unter den von den Männern genannten schönsten Erlebnissen: »Mein Abschluss mit Auszeichnung«, »der Tag, an dem ich meine Frau kennengelernte«, »Fallschirmsprung«, »eine Radtour am Toten Meer«, »das erste Mal, als ich eine Frau nackt gesehen habe«, »der Tag, an dem ich mich nach einem jahrelangen Streit mit meinem Vater versöhnte«, »der Tag, an dem ich Firmenchef wurde« und so weiter. Wie Ihnen vielleicht bereits aufgefallen ist, ähneln diese Antworten denen der jungen Studentinnen, die noch keine Kinder zur Welt gebracht hatten. Trotzdem waren die Antworten der männlichen Teilnehmer tendenziell etwas eigenartig. Oder kommt es nur mir so vor?

Tooooor!

Einmal erhielt ich eine Einladung zu einem Vortrag im Rahmen einer Veranstaltung, die zu Ehren einer wichtigen Persönlichkeit abgehalten wurde. Zur Feier des Tages beschloss ich, etwas zu tun, was ich sonst nie mache: Ich brachte Requisiten mit, nämlich die Bögen der Umfrage, in der ich Männer nach den glücklichsten Augenblicken ihres Lebens gefragt hatte. Als es so weit war, zückte ich ein paar der mitgebrachten Zettel und begann vorzulesen, was auf dem ersten stand.

»Der glücklichste Moment meines Lebens«, hatte einer der Teilnehmer geschrieben, »war das zweite Tor von Uri Malmilian im Finalspiel 1974 gegen Maccabi Tel Aviv. Malmilians Team Beitar Jerusalem hat die Partie zwei zu eins gewonnen und damit auch die Meisterschaft.«

Ich setzte gerade zu einer Bemerkung von wegen »ganz schön traurig ...« an, denn wie konnte es sein, dass das der schönste Augenblick im Leben dieses Mannes war? Es war ja nicht so, als hätte er das Tor selbst geschossen! Da sprang plötzlich der Ehrengast auf und rief: »Das stimmt gar nicht! Das war nicht 1974, sondern 1976, aber genau das ist auch der glücklichste Moment meines Lebens! Es war einfach unglaublich!«, schwärmte er und fuhr fort: »Ein paar Minuten vorher hatte es noch unentschieden gestanden, und Malmilian hat einen Elfmeter verschossen. Aber diese Scharte hat er wieder ausgewetzt, indem er aus einem schier unmöglichen Winkel das entscheidende Tor geschossen und Beitar damit den zweiten Platz in der Liga gesichert hat. Er wurde dafür zum Spieler des Jahres gewählt.« Er wusste noch weit mehr über dieses denkwürdige Ereignis zu berichten, aber ich will die Leser, die keine Fußballfans (oder Anhänger von Beitar Jerusalem) sind, nicht langweilen.

Es gibt Menschen, die Fußball für eine Sache von Leben und Tod halten. Ich finde das enttäuschend. Ich kann Ihnen versichern, Fußball ist noch viel wichtiger als das.

Bill Shankly, Ex-Manager des FC Liverpool

Na, toll, dachte ich. Und was jetzt? Ich wollte ja schließlich für meinen Vortrag entlohnt werden, und mir war klar, dass es nicht gut ankäme, wenn ich mich über den glücklichsten Moment im Leben des Ehrengastes mokierte.

Also waren meine Improvisationskünste gefragt. Mit anderen Worten, ich musste flunkern. Und wie es der Zufall wollte, wurde aus dieser Flunkerei mit der Zeit eine meiner größten Überzeugungen. Manchmal kommt es eben anders, als man denkt.

Vom kleinen und vom großen Gück

»Ist das nicht toll?«, sagte ich zu den anderen Zuhörern. »Wir Männer können uns selbst an den kleinsten Kleinigkeiten erfreuen.« Wobei ich nicht sicher bin, dass Fußball in ihren Augen eine Kleinigkeit war.

»Das bedeutet, wir sind deutlich näher an der Lebensphilosophie von Pu dem Bären dran als Frauen. Pu freut sich über alles, was er erlebt. Er denkt sich alberne Gedichte aus und findet sie toll. Er fliegt mithilfe eines Luftballons und hat großen Spaß daran. Die Fähigkeit, sich an Kleinigkeiten zu erfreuen, ist eine Kunst.«

Ich dachte an die Frauen, die ich befragt hatte, und mir wurde bewusst, dass sie in ihren Antworten mit sehr wenigen Ausnahmen Ereignisse von großer Bedeutung genannt hatten: eine Geburt, eine riesige Hochzeit, eine Weltreise samt Kreuzfahrt zwischen Eisbergen oder zumindest das Konzert eines Symphonieorchesters unter der Leitung von Gustavo Dudamel.

Privatsache

Eines Tages kam nach einem Vortrag über eines der Themen aus diesem Buch eine Frau zu mir, die vor einiger Zeit bei mir Statistik studiert hatte, und sagte: »Als Statistikexperte ist Ihnen doch hoffentlich bewusst, dass die Antworten, die sowohl Frauen als auch Männer bei Umfragen geben, nicht zwingend der Wahrheit entsprechen.« Sie erzählte, sie habe zwei Kinder und eine tolle Karriere, die ihr nicht weniger wichtig sei, und sie benötige keine Großereignisse, um glücklich zu sein, gab jedoch zu bedenken, dass, wenn man sie im Rahmen einer Studie nach ihrer glücklichsten Erinnerung befragen würde, vermutlich auch sie – wie jeder normale Mensch – versucht sei, die Standardantworten zu geben. Das war ein wertvoller Hinweis. Mir ist natürlich bewusst, dass manche Menschen in solchen Fällen die Antworten geben, von denen sie glauben, man würde sie von ihnen erwarten: Männer sprechen über Fußball, während Frauen behaupten, die Geburt ihrer Kinder oder ihre Hochzeit sei der glücklichste Augenblick ihres Lebens gewesen, auch wenn es womöglich gar nicht stimmt.

Als ich an diesem Abend nach Hause kam, legte ich meiner Frau (mit der ich schon über 25 Jahre verheiratet und seit Anbeginn der Zeit zusammen bin) das Problem dar und erkundigte mich nach ihrer Meinung dazu. Statt einer Antwort fragte sie mich, was denn der glücklichste Augenblick meines Lebens sei. Ich musste erst überlegen, ehe ich sagte: »Also, wenn ich mal alle dramatischen Großereignisse ausklammere, dann erlebe ich fast jeden Morgen einen Moment des Glücks – wenn wir gemeinsam Kaffee trinken, die Zeitung lesen und ein bisschen plaudern.« Ich fügte noch hinzu, dass ich es nicht weniger schön finde, wenn wir unseren Kaffee schweigend trinken.

»Und, würdest du das auch einem wildfremden Menschen erzählen?«, erkundigte sich meine Frau.

»Wahrscheinlich nicht«, sagte ich. Wie es scheint, sind Momente des Glücks für die meisten Menschen etwas sehr Persönliches, das sie ungern mit einem Unbekannten teilen möchten, der merkwürdige Umfragen durchführt.

Aller Anfang ist schwer? Von wegen!
Die einzige Freude auf der Welt ist: Anfangen.

Cesare Pavese

In meinen Augen ist ein Anfang, so lahm er auch sein mag, besser ist als jedes Happy End. Eines sollten wir jedoch im Hinterkopf behalten:

Jeder neue Anfang entsteht aus dem Ende eines anderen Anfangs.

Seneca

Sehr wahr. Wir dürfen nie vergessen, dass jedes Ende die Chance auf einen Neubeginn mit sich bringt.

EINE WIRKLICH WICHTIGE SEITE

Die folgende Idee kann uns dabei helfen, viele Kontroversen und Widersprüche in unserem Leben und unserem Denken zu lösen beziehungsweise zu vereinen. Soweit ich weiß, stammt sie ursprünglich von Thomas Mann und wurde vom Physiker Niels Bohr aufgegriffen, der angab, das sei einer der klügsten und tiefsinnigsten Gedanken, die ihm je zu Ohren gekommen seien:

> *Es gibt triviale Wahrheiten und es gibt fundamentale Wahrheiten. Das Gegenteil einer trivialen Wahrheit ist einfach falsch. Das Gegenteil einer fundamentalen Wahrheit dagegen ist ebenfalls wahr.*

Hier ein kleines Beispiel zum besseren Verständnis. Die Behauptung, dass zwei plus zwei vier ergibt, ist eine triviale Wahrheit, denn das Gegenteil (dass zwei plus zwei nicht vier ergibt), ist Unsinn.

Die Aussage: »Das Leben ist ein Wunder und das Tollste, was wir uns vorstellen können.« Dies ist eine fundamentale Wahrheit, aber es ist genauso wahr, wenn jemand behauptete, das Leben sei eine Katastrophe und eine müßige Unterbrechung des seligen Friedens des Nichts (ungefähr so hat Arthur Schopenhauer es formuliert).

Zum Schluss dieses Kapitels möchte ich noch ein Bekenntnis ablegen: Sollte ich je in die akademische Forschung zurückkehren, dann würde ich mich wohl dem faszinierenden Gebiet der Emotionen zuwenden, die, wie wir wissen, eine Schlüsselrolle in unser aller Leben spielen. Trotzdem ist nur sehr wenig über sie bekannt.

KAPITEL 2

EMOTION UND LEIDENSCHAFT

Wir sollten nicht vergessen, dass die kleinen Gefühle die großen Kapitäne unseres Lebens sind und wir ihnen gehorchen, ohne es zu merken.

Vincent van Gogh

Überraschenderweise herrscht unter Wissenschaftlern Uneinigkeit, was die Beantwortung einer scheinbar einfachen Frage angeht, nämlich: Was sind Emotionen? Und weil es so einfach ist, knifflige Fragen zu stellen, füge ich gleich noch einige weitere hinzu: Inwiefern unterscheiden sich Gefühle von Emotionen? Können Emotionen bewusst geweckt oder umgeleitet werden? Kann man Emotionen neurologisch beschreiben? Welchen Einfluss hat die Kultur auf Emotionen? Gibt es bestimmte Emotionen nur in einigen Kulturkreisen und in anderen nicht? Sind Emotionen nur uns Menschen vorbehalten, oder gibt es sie auch bei Tieren? Und wie viele Emotionen auf einmal können wir empfinden?

Nachfolgend finden Sie eine Tabelle mit diversen Emotionen, wobei ich vorausschicken möchte, dass das dort aufgelistete Sammelsurium weder wissenschaftlich fundiert ist, noch Anspruch auf Vollständigkeit erhebt. Einige Felder habe ich zum Ausfüllen für Sie freigelassen.

Ich habe die Tabelle recht spontan und ohne Anwendung einer speziellen Methode erstellt und lediglich darauf geachtet, Wiederholungen zu vermeiden. Barmherzigkeit und Mitgefühl beispielsweise sind zwei verschiedene Emotionen – Barmherzigkeit wird uns von oben (etwa von Gott) gewährt, Mitgefühl dagegen entsteht auf Augenhöhe.

Lassen Sie uns ein kleines Experiment durchführen. Denken Sie an Ihr eigenes Repertoire an Emotionen.

Welche kommen am häufigsten vor, welche sind eher selten? Wenn Sie gern mit Zahlen arbeiten, können Sie ein Prozente-Ranking erstellen, basierend auf der relativen Dauer der jeweiligen Emotion, wenn sie auftritt. Da wir mehrere Emotionen gleichzeitig empfinden können, können Sie folglich insgesamt auch auf über hundert Prozent kommen. Ich bin überzeugt, ein Vergleich der von meiner Leserschaft erstellten Listen würde beträchtliche Unterschiede ergeben.

Nun wiederholen wir dieses Experiment, allerdings mit einer kleinen Veränderung: Diesmal möchte ich, dass Sie notieren, welche Emotionen Sie sich erhalten möchten und von welchen Sie sich lieber trennen würden.

Da eine ernsthafte Analyse jeder einzelnen Emotion vermutlich mehrere umfangreiche Bände füllen würde, habe ich beschlossen, mich im vorliegenden Kapitel auf vier Emotionen zu beschränken. Es sind dies: Zorn, Neid, Stolz und Freude. Als Erstes befassenen wir uns mit dem Zorn.

Haben Sie schon mal auf die Mimik und Gestik eines Sportlers geachtet, der soeben ein Tor geschossen oder den Basketball im Korb versenkt hat? Viele von ihnen schwingen drohend die Faust, begleitet von einem Triumphschrei, oder sie fletschen die Zähne oder schneiden eine Grimasse. Man möchte meinen, sie freuen sich, stattdessen spiegelt sich Groll in ihrer Miene. Wie kommt das? Ich habe den Eindruck (und einige Psychologen sind meiner Meinung), dass Männer sämtliche Emotionen im Allgemeinen nur auf eine einzige Art und Weise ausdrücken »dürfen«, nämlich in Form von Wut. Ganz egal, ob sie glücklich oder traurig, aufgekratzt, verzweifelt – oder wütend – sind, sie wirken immer aufgebracht. Und auch

Frauen, die ja nach wie vor um ihre Gleichberechtigung kämpfen müssen, tendieren, wie ich beobachtet habe, neuerdings deutlich häufiger als früher dazu, sich Gefühle wie Verärgerung oder Zorn anmerken zu lassen. Angeblich ist es ja gesünder, seinen Gefühlen Luft zu machen, als seinen Ärger und seine Wut in sich hineinzufressen und deshalb womöglich depressiv zu werden. Aber stimmt das tatsächlich?

Wir erinnern uns an den Spruch von Ralph Waldo Emerson, demzufolge die Temperatur, bei der wir kochen vor Wut, von Mensch zu Mensch variiert. Manche von uns sind durch nichts aus der Ruhe zu bringen, während andere explodieren, ohne zu wissen warum.

Sei nicht vorschnell in deinem Geist zum Zorn;
denn der Zorn ruht im Busen der Toren.

Prediger 7,9

Ich muss dem »Prediger« König Salomo, der traditionell als Verfasser des Buches Kohelet gilt, recht geben, denn ich habe es selbst erlebt, dass sich Menschen im Zorn zum Narren gemacht haben. Nicht umsonst lautet ein guter Rat, man solle bis zehn (manchmal heißt es sogar bis 77) zählen, ehe man seinem Ärger Luft macht. Daraus schließen wir: Nur unbedachte Menschen, die weder willens noch fähig sind, die Situation im Ganzen zu betrachten, steigern sich in blinde Wut hinein.

Glück-seligkeit	Traurigkeit	Verär-gerung	Wut
Ent-täuschung	Liebe	Barm-herzigkeit	Kummer
Hunger	Neugier	Verwirrung	Stolz
Lust	Frust	Zuneigung	Ekel
Freude	Zuversicht	Verachtung	Depri-miertheit
Ver-zweiflung	Sorge	Feind-seligkeit	Euphorie
Hass	Mitgefühl	Einsamkeit	Angst

Beschä- mung	Neid	Eifersucht
Langeweile	Staunen	Dankbar- keit
Hoffnung	Entsetzen	Reue
Gleich- gültigkeit	Schaden- freude	Erleich- terung
Erregung	Sehnsucht	Nostalgie
Gram	Innerer Friede	Leere

Aber ist dieses Wissen hilfreich? Nun, manchmal durchaus, manchmal aber auch nicht.

Hin und wieder werde ich wütend, obwohl mir sehr wohl bewusst ist, welche schädlichen direkten und indirekten Folgen meine Wut für mich und meine Umwelt haben kann. Gute Vorsätze sind eben schnell gefasst, sich daran zu halten, ist allerdings nicht immer einfach. Fakt ist: Emotionen spielen eine maßgebliche Rolle in unserem Leben – und nicht selten eine weit größere als unser Verstand.

Wie so oft ist alles komplizierter, als es auf den ersten (oder zweiten) Blick scheint.

Meine Frau ist von Beruf Chemikerin, und sie hat mich auf einen wichtigen Umstand aufmerksam gemacht: Auch in der Natur hat jedes Material seinen eigenen, einzigartigen und feststehenden Siedepunkt, der sich jedoch durch Zugabe gewisser hemmender Substanzen künstlich anheben lässt. Wie jeder, der ein bisschen Ahnung vom Kochen hat, weiß, dauert es beispielsweise bei gesalzenem Wasser länger als bei ungesalzenem, bis es kocht. Dieses Prinzip kann man auch auf uns Menschen umlegen: Wir können den Zeitpunkt, an dem wir vor Wut zu kochen beginnen, beeinflussen. In unserem Fall sind Weisheit und Besonnenheit die Wirkstoffe, die unsere Toleranzgrenze anheben, denn sie beeinflussen unsere Reaktion auf bestimmte Situationen und ermöglichen es uns, bewusster zu handeln – eben so, wie rational denkende, ausgeglichene Erwachsene es tun sollten.

Natürlich dürfen wir nicht vergessen, dass die Zugabe einer Prise Salz nur eine marginale Veränderung ist – kein Mensch ändert sich radikal aufgrund einer einzigen Erkenntnis. Er ist lediglich ein klein wenig klüger geworden.

Vielleicht ist Wut also unvermeidlich; vielleicht sind Menschen, die sich nicht mehr ärgern oder aufregen, gar keine Menschen mehr. Ich tendiere zu der Auffassung, dass Menschen, die überhaupt nie zornig werden, im Sumpf vollkommener Gleichgültigkeit und Abgestumpftheit versunken sind. Schließlich gibt es auf dieser Welt so einiges, über das wir uns aufregen und gegen das wir wettern und Widerstand leisten müssen – ganz einfach deshalb, weil wir Menschen sind.

Wer sich in einer Situation der Ungerechtigkeit neutral verhält, stellt sich auf die Seite des Unterdrückers.

Bischof Desmond Tutu

Aber nicht nur der Punkt, an dem wir kochen vor Wut, ist von Mensch zu Mensch verschieden, sondern auch die Intensität, mit der wir andere Emotionen erleben. Es gibt Leute, denen vor Anteilnahme schier das Herz überquillt, und solche, die nie Mitgefühl empfinden. Es gibt auch Leute, die sich andauernd Sorgen machen und denen schon die Tatsache, dass sich das Universum ausdehnt, Kopfzerbrechen bereitet, während andere erst leicht nervös werden, wenn sich nach einer Minute im freien Fall ihr Fallschirm nicht öffnet. Manch einer von uns lässt sich stets von seinen Begierden leiten, während andere Menschen kaum je etwas begehren.

Genauso gibt es Menschen, die ständig Trübsal blasen. Das Prasseln der Regentropfen stimmt sie ebenso schwermütig wie ein Mangel an Niederschlag oder auch ein Pickel auf der Nase. Der Musiker Franz Schubert war derart melancholisch veranlagt, dass er Gott jeden Abend im Gebet anflehte, ihn morgens nicht mehr erwachen zu lassen. Andere wiederum sind nur höchst selten traurig, etwa, wenn sie mit einer großen Tragödie konfrontiert werden, und manche selbst dann nicht.

Vom amerikanischen Dichter Walt Whitman beispielsweise sagt man, er sei nie traurig gewesen und habe alles und jeden geliebt. War er deshalb kein Mensch? Im Gegensatz zu König Salomo, für den alles nichtig war, glaubte Whitman, es gebe nichts als Wunder.

Doch sosehr ich die Fähigkeit, in allem etwas Gutes zu sehen, bewundere, ist mir doch schleierhaft, wie jemand die gesamte Menschheit lieben kann. Ich hege den Verdacht, dass so mancher, der vorgibt, alle Menschen zu lieben, sie eigentlich hasst. Laut Dostojewski ist es viel einfacher, eine abstrakte Liebe zur Menschheit zu empfinden, als einen echten Menschen zu lieben. Ich persönlich halte es eher mit der wunderbaren polnischen Dichterin und Nobelpreisträgerin Wisława Szymborska, die schrieb:

Ich bin mir lieber als Menschenfreund
denn als Freund der Menschheit.

Für Sigmund Freud war die Liebe nicht unerschöpflich, weshalb wir sorgfältig abwägen sollten, wen oder was wir lieben. Falls er recht hat, ist es dann vernünftig, Fliederblüten oder Grashalme zu lieben? Der wunderbare Walt Whitman, der so viel Liebe und Herzensgüte zu geben hatte, war jedenfalls überzeugt davon. Für ihn war alles perfekt, Gutes wie Schlechtes, Blumen, Raupen, Gewitter, Genitalien, junge Männer und alte Frauen, Gesundheit und Krankheit, Leben und Tod. Nach Whitman ist auf unserer wunderbaren Erde alles göttlich und grandios und wunderprächtig.

Und so sind wir plötzlich bei der Liebe angelangt, obwohl unser Ausgangspunkt doch eigentlich der Zorn war. Wenn das mal keine erfreuliche Entwicklung ist!

***

Als Nächstes geht es um den Neid.

Angeblich war Neid der Grund für den ersten Mord in der Geschichte der Menschheit – so kann man es zumindest in der Heiligen Schrift nachlesen. Neid ist eine freudlose Sünde und zählt zu den sieben Todsünden des Christentums (die anderen sechs sind Zorn, Habgier, Trägheit, Hochmut, Wollust und Völlerei).

Was braucht der Mensch zum Leben? Im Grunde nicht viel: Nahrung, Kleidung und ein Dach über dem Kopf. Alle übrigen Besitztümer zielen nur darauf ab, anderen unter die Nase zu reiben, dass wir reicher sind als sie, damit sie uns beneiden.

Der Vergleich ist der Dieb der Freude.

Anonym

Miss dich nie mit reichen Bekannten. Zieh sie lieber auf dein Niveau herunter, das kommt billiger.

Quentin Crisp

Neid ist ein ausgesprochen faszinierendes psychologisches Phänomen. Wir missgönnen anderen ihren Status, ihre Fähigkeiten und Erfahrungen, ja, selbst eine schöne Beerdigung. Und so gut wie jeder von uns will beneidet werden.

Die Menschen tun viel, um geliebt zu werden. Alles aber setzen sie daran, um beneidet zu werden.

François de La Rochefoucauld

König Salomo suchte Neider auf folgende Weise zu beschwichtigen:

Ich habe Knechte auf Pferden gesehen und Oberste, die wie Knechte zu Fuß gingen.

Prediger 10,7

Das Leben ist in der Tat wechselhaft – auf den Aufstieg folgt, wie wir alle wissen, nur allzu oft der Fall. Nur eines ist auf der Welt von Dauer, nämlich die Tendenz zur ständigen Veränderung. Niemand weiß, was die Zukunft bringt, und jeder von uns hat bereits die Erfahrung gemacht, dass das Leben keine Rücksicht auf unsere Pläne nimmt. Ich wette, Gott kugelt sich regelmäßig vor Lachen, wenn er uns beim Pläneschmieden zuhört.

Dass unser Neid meist länger währt als das Glück, um das wir andere beneiden, ist nur einer der Gründe, warum es sich nicht lohnt, neidisch zu sein, zumal Neid dem Neider ja nichts außer Kummer einbringt. Nun mag man noch so viele Beweise dafür ins Feld führen, dass Missgunst absurd und sinnlos ist, in der Praxis scheint es fast unmöglich, diese Empfindung zu unterdrücken. Oder kennen Sie jemanden, der niemals neidisch ist? Ich nicht. Die Missgunst ist ein Monster, vor dem keiner von uns gefeit ist, auch wenn der Grad unserer Anfälligkeit dafür sicher variiert. Zur Illustration hier eine kurze Geschichte:

Der Springbrunnen und der See

Der stille See brachte Jahre damit zu, den prächtigen Springbrunnen zu bewundern, den man unweit seines Ufers erbaut hatte. Er beneidete den Brunnen um die hübschen Wasserfontänen und das muntere Plätschern, das er produzierte. »Er ist so energiegeladen und voller Leben! Nie wirkt er müde oder braucht eine Pause. Er kostet jeden Augenblick des Lebens aus. Wie gern wäre ich doch auch ein Springbrunnen!«, dachte der See. »Ich möchte auch ein so interessantes Leben führen wie dieser Brunnen, dessen Fontänen den Menschen Juchzen und Gelächter entlocken! An meinem Ufer dagegen spazieren sie schweigend entlang, nur hin und wieder bleibt ein Paar, das sich an den Händen hält, aus unerfindlichen Gründen stehen. Die Leute setzen sich ins Gras oder auf eine Bank und starren gelangweilt auf meine bewegungslose Wasseroberfläche. Was gäbe ich dafür, ein Springbrunnen zu sein! Aber leider bin ich nichts Besonderes. Ich bin nur ein ganz gewöhnlicher See, weder tief noch groß noch schön.«

Der Springbrunnen wiederum brachte Jahre damit zu, den stillen, klaren See zu beneiden. »Sieh ihn dir an; sieh nur, wie ruhig und gelassen er ist! Er versucht nicht, allen zu imponieren. Sein Wasser leidet nicht unter krankhaftem Bewegungsdrang. Er ist nicht süchtig nach der Aufmerksamkeit der Menschen, so wie ich«, dachte der Brunnen. »Ich tue alles, um sie mit meinen Kunststücken in Staunen zu versetzen. Aber ich bin müde. Der See kann sich wirklich glücklich schätzen. Er muss die Menschen, die an ihm entlangspazieren, nicht unterhalten. Wenn sie an seinem Ufer sitzen, genießen sie die Stille und das leise Plätschern der kleinen Wellen. Wie gut er es doch hat! Wenn ich meine Arbeit einstelle, kommt mich garantiert niemand mehr be-

suchen. Nichts ist so armselig wie ein Springbrunnen ohne Wasserfontänen. Wie gern würde ich mit dem stillen See tauschen, und sei es nur für eine Weile! Dafür würde ich alles geben.«

Neid spielt auch in Freundschaften eine große Rolle, wenngleich er dort nur selten offen zutage tritt. In diesem Zusammenhang können wir einiges von Antoine de Saint-Exupéry lernen. Gegen Ende des vierten Kapitels von *Der kleine Prinz* findet sich eine der berühmtesten Zeilen des Buchs:

> *Es ist traurig, einen Freund zu vergessen.*
> *Nicht jeder hat einen Freund gehabt.*

Als ich das Buch mit zwölf zum ersten Mal las, überraschte mich dieser Satz. Was wollte mir der Autor damit sagen? Ich selbst hatte zwar nur eine Handvoll Spielkameraden, aber meines Wissens verfügten die meisten Menschen über sehr viele Freunde; da konnte es doch eigentlich nicht so schlimm sein, wenn einem einer davon abhandenkam. Ich wurde nicht schlau aus der Stelle.

Jahre später studierte ich in Tel Aviv Mathematik und frequentierte dort regelmäßig eine Buchhandlung. Da ich mir allerdings nicht alle Bücher kaufen konnte, die ich gern gehabt hätte, weil meine Wohnung zu klein war (von meinem Budget ganz zu schweigen), las ich oft ganze Kapitel vor Ort, und nur wenn ich von einem Buch so richtig begeistert war, erstand ich es.

Eines Tages stolperte ich über Blaise Pascals *Pensées*. Ich schlug es auf, und was las ich?

Die Menschen belügen und schmeicheln einander. Keiner von uns sagt in unserer Gegenwart das, was er in unserer Abwesenheit sagen würde. Die menschliche Gesellschaft gründet auf gegenseitigem Betrug; nur wenige Freundschaften würden es aushalten, wenn jeder wüsste, was sein Freund über ihn in seiner Abwesenheit gesagt hat.

Blaise Pascal

Das klingt bemerkenswert pessimistisch. Jedenfalls erinnerte mich dieser Aphorismus an Saint-Exupéry, und ich fragte mich unwillkürlich, wer denn nun recht hatte, die beiden französischen Schriftsteller oder ich. Vielleicht war diese Einstellung ja nur in Frankreich so verbreitet?

Doch nein, auch in anderen Ländern ist man offenbar der Auffassung, dass ein echter Freund Seltenheitswert hat. Der Amerikaner Ralph Waldo Emerson befand, ein Freund könne durchaus als Meisterwerk der Natur betrachtet werden, und der chinesische Philosoph Mengzi nannte die Freundschaft »eine Seele in zwei Körpern«. Aristoteles teilte seine Meinung, von ihm stammt allerdings auch der Ausspruch:

Oh, Freunde! Es gibt keine Freunde!

An diesem Punkt kam mir der Verdacht, dass ich wohl etwas übersehen haben musste und den wahren Wert echter Freundschaft noch nicht vollumfänglich erkannt hatte. Es dauerte einige Jahre, bis ich auf des Rätsels Lösung stieß.

Das erste Problem besteht in der Definition des Wortes »Freund«. »Freunde in der Not gehen tausend auf ein Lot«, sagt man, aber nur weil sich etwas reimt, muss es noch lange nicht wahr sein. Viele Wörter reimen sich auf Not, darunter rot, devot, Gebot, Chaot, Despot, Exot, Idiot, Ozelot, Angebot, Pessachbrot oder Märtyrertod, doch das muss noch lange nichts heißen.

Ich beschloss, bei einem weiteren Franzosen nachzuschlagen, dessen zynischer Kommentar das Konzept des Krankenbesuchs für mich in ein völlig neues Licht rückte:

> *Wie schön ist es doch, einen Freund im Spital zu besuchen und zu sehen, dass es uns viel besser geht als ihm!*
>
> Frei nach François de La Rochefoucauld

Daraus zog ich den folgenden Schluss: Wenn wir krank, deprimiert oder sonstwie angeschlagen sind, sollten wir das am besten für uns behalten, denn unsere wahren Freunde leiden mit uns, wenn sie davon erfahren, und unsere Feinde reiben sich die Hände. Auf beides kann ich gut verzichten, ebenso wie auf vermeintliche Freunde, die sich nur um mich kümmern, um dafür ein Lob einzuheimsen. Übrigens ist die Bereitschaft, mir nicht nur in schlechten, sondern auch in guten Zeiten die Stange zu halten, in meinen Augen eine mindestens ebenso wichtige Eigenschaft, die ein Freund mitbringen sollte. Tatsache ist nämlich: Auch wenn es uns gut geht, verlieren wir so manchen Weggefährten. Grund dafür ist das Monster Missgunst, das sich leider nur sehr schwer zähmen lässt.

Spinoza machte auf den interessanten Umstand aufmerksam, dass wir nur Menschen beneiden, die uns ähnlich sind. Kein Philosophieprofessor würde wohl je auf die Idee kommen, Spinoza zu beneiden, es sei denn, er hat nicht mehr alle Tassen im Schrank. Viel wahrscheinlicher ist es, dass sich sein Neid auf einen seiner Kollegen richten wird – einen, der ein klein wenig erfolgreicher oder klüger ist als er. Es ist kein Zufall, dass das erste überlieferte Tötungsdelikt der Menschheitsgeschichte ein Brudermord war. Wir beneiden eine Eiche nicht um ihre Höhe und einen Löwen nicht um seine Kraft. Auch gegenüber Menschen, die bereits von uns gegangen sind und durch elysische Gefilde wandeln, empfinden wir keine Missgunst, denn sie sind uns nicht länger gleichgestellt.

***

Wahre Freundschaft setzt zwei Eigenschaften voraus:

1. **Die Fähigkeit, sich mit seinen Freunden zu freuen.**

2. **Die Bereitschaft, Dinge zu tun, von denen nicht man selbst profitiert, sondern die Freundin oder der Freund.**

Das sind nur zwei Grundvoraussetzungen, die allein für sich betrachetet auch noch keine ausreichenden Kriterien sind für wahre Freundschaft. Aber schon an diesen beiden Grundbedingungen hapert es bei den meisten.

Mitfreude, nicht Mitleiden, macht den Freund.

Friedrich Nietzsche

Ein wahrer Freund ist das Beste auf der Welt und wird doch so wenig gesucht.

François de La Rochefoucauld

Neid und Zorn sind zwei der größten Hindernisse, die wir überwinden müssen, um Freude zu erleben.

Wer gibt, der empfängt, wer verzeiht, dem wird verziehen.

Franz von Assisi

Der Lügendetektortest

Meine Mutter unterrichtete viele Jahre russische Literatur und ist ein großer Fan der russischen Kultur, obwohl sie schon seit mehreren Jahrzehnten in Israel lebt. Eines Tages erzählte sie mir die folgende Anekdote:

Kürzlich habe ich auf einem russischen Fernsehkanal eine dieser Gameshows gesehen, die du nicht leiden kannst. Sie heißt Der Polygraph. *Die Teilnehmer der Sendung werden an einen Lügendetektor angeschlossen und müssen dann vor laufender Kamera ungefähr zwanzig Fragen beantworten, die mit der Zeit immer peinlicher werden. Jede Antwort wird mit einem Geldbetrag belohnt, sofern der Lügendetektor bestätigt, dass sie der Wahrheit entspricht. Kommt die Maschine zu dem Schluss, dass sie gelogen haben, ist das ganze Geld weg.*
Eine Teilnehmerin hatte bereits einen ziemlich hohen Betrag auf dem Gewinnkonto, als ihr die

Moderatoren eine relativ einfache Frage stellten, die eigentlich kein bisschen peinlich war, nämlich: »Sind Sie glücklich?« Die Frau bejahte – und verlor alles, denn laut Lügendetektor war das gelogen.

Wie lässt sich das erklären? Falls der Teilnehmerin bewusst war, dass sie nicht auf Wolke sieben schwebte, hätte sie die Frage mit Nein beantworten und einen großen Batzen Geld gewinnen können. Es ist ja keine Schande, unglücklich zu sein. Warum also hat sie es nicht zugegeben? Ich vermute mal, ihre Antwort auf die Frage »Sind Sie glücklich?« lautete Ja, weil sie felsenfest davon überzeugt war, unter den gegebenen Umständen glücklich zu sein.

Nun ist auf Lügendetektortests zwar nur bedingt Verlass, das ist mir klar, aber ich würde trotzdem zu gerne mal ein paar Leute an ein derartiges Gerät anschließen und sie fragen, ob sie glücklich sind. Interessant wären insbesondere jene Fälle, in denen die Betreffenden angeben, sie seien unglücklich, und die Maschine behauptet dann, das sei gelogen.

Stolz und Vorurteil

Auf seiner Reise begegnet der kleine Prinz einem eitlen Mann.

»Ah, ah, schau, schau, ein Bewunderer kommt zu Besuch!«, rief der Eitle von weitem, sobald er des kleinen Prinzen ansichtig wurde. Denn für die Eitlen sind die anderen Leute Bewunderer.

Antoine de Saint-Exupéry, *Der kleine Prinz*

König Salomo nennt im Buch Kohelet Stolz als die erste der sieben Verfehlungen, die dem Herrn »ein Gräuel« sind, und bei den Christen zählt Stolz wie bereits erwähnt zu den sieben Todsünden.

Was versteht man denn eigentlich unter Stolz?

Laut Spinoza ist ein Mensch stolz, wenn er aus purer Selbstliebe eine allzu hohe Meinung von sich hat. Würde mich Spinoza nach meiner Definition fragen, so würde ich entgegnen, Stolz sei ein übermotiviertes Fehlurteil. Wie auch immer, Spinoza merkt außerdem an, es gebe kein gegenteiliges Phänomen, sprich, kaum jemand hält sich aus purem Selbsthass für einen noch schlechteren Menschen, als er ohnehin ist.

Wer sich selbst verachtet, achtet sich doch immer noch dabei als Verächter.

Friedrich Nietzsche

Dem möchte ich hinzufügen, dass Menschen, die abfällig von sich selbst sprechen, meiner Erfahrung nach nur auf Komplimente, Lob und Ermutigung aus sind. Es kommt vor, dass ich vor Publikum Klavier spiele, und bislang pflegte ich die Zuhörer vor meinen Auftritten stets darauf hinzuweisen, dass ich von Beruf Mathematiker und Schriftsteller bin und kein professioneller Pianist. Diese Aussage wirkte beruhigend auf mich, ganz nach dem Motto: Falls du gelegentlich einen Fehler machst, ist das nicht so schlimm. Neuerdings verkneife ich mir diesen Kommentar jedoch – wer nicht gut genug spielt, sollte öffentliche Auftritte unterlassen und sich auf private Darbietungen in den eigenen vier Wänden beschränken, bei denen nur etwaige nachsichtige Nachbarn lauschen.

Der Titel dieses Unterkapitels ist bewusst gewählt, denn Jane Austen war eine Expertin in Sachen Stolz. Früher, als ich noch jung, dumm und arrogant war, habe ich mich übrigens oft über ihre wunderbaren Romane lustig gemacht, heute lese ich sie mit dem größten Vergnügen. Jedenfalls unterscheidet Jane Austen sehr genau zwischen Stolz und Eitelkeit:

> *Eitelkeit und Stolz sind zwei verschiedene Dinge. [...] Ein Mensch kann stolz sein, ohne eitel zu sein. Stolz hat mehr damit zu tun, was wir von uns selbst halten, und Eitelkeit mehr damit, wie wir von anderen gesehen werden wollen.*
>
> Jane Austen, *Stolz und Vorurteil*

Was für eine brillante Beobachtung! *Superbia*, der lateinische Terminus für diese Sünde, kann sowohl mit »Eitelkeit« als auch mit »Stolz« übersetzt werden – zwei Begriffe, deren Bedeutung sich auf Deutsch unterscheidet.

An dieser Stelle möchte ich darauf hinweisen, dass auch Bescheidenheit und Demut nicht dasselbe sind. Wahre Demut ist die wohl seltenste und schönste aller menschlichen Eigenschaften. Bescheidenheit dagegen entpuppt sich oft als verkappter Stolz. So las ich zum Beispiel einmal ein Interview mit einem Schachweltmeister, in dem er auf seine Fähigkeit angesprochen wurde, viele Züge vorherzusehen. »Das ist doch nichts Besonderes«, winkte der Champion ab. »Ich bin ein ganz normaler Mensch.« Ich fragte mich, was er mit dieser Aussage bezwecken wollte. Seine falsche Bescheidenheit ergibt überhaupt keinen Sinn. Wenn er ein ganz normaler Mensch ist, dann sind wir doch alle hirnamputiert! Diesem Mann ist zweifellos klar, dass er mit einer besonderen Gabe gesegnet ist, also wäre es ehrlicher gewesen zu sagen: »Nun, ich bin eben ein Schachgenie, und das ermöglicht es mir, etliche Züge vorherzusehen.«

Wenn der Tennis-Champion Roger Federer einmal ein Spiel verliert, was bekanntlich nur sehr selten vorkommt, liefert er stets aufschlussreiche Erklärungen dafür. Das klingt dann so: »Heute habe ich verloren, weil ich etwas unkonzentriert war. Wie wir alle wissen, bin ich der beste Tennisspieler der Welt, und wenn ich einen guten Tag habe, spiele ich alle in Grund und Boden.« Eine solche Antwort, in der sich aufrichtiger Stolz spiegelt, ist mir allemal Mal lieber als falsche Bescheidenheit.

Zieht man die Psychologie der Bescheidenheit in Betracht, so wird hier eine interessante Dynamik erkennbar: Was bewegt einen Menschen, Bescheidenheit vorzuschützen? Vermutlich steckt dahinter die Angst vor einer überraschungsbedingt unkontrollierten Reaktion von der Gegenseite, wenn er seine wahre Meinung von sich selbst preisgibt. Ich würde in so einem Fall wohl einfach sagen: »Keine Sorge, Kumpel, ich find dich cool.«

Tu nicht so bescheiden, so großartig bist du nicht.

Golda Meir

Drei sind einer zu viel

Zwei einflussreiche Rabbiner begaben sich gemeinsam in den Wald, um zu beten. Irgendwann warf sich einer der beiden auf die Erde und rief: »Ich bin wertlos! Eine totale Null! Mein Körper ist das reinste Wrack, meine Seele ist die eines Sünders. Ich bin unwürdig!«

Da warf sich auch der zweite Rabbiner auf die Erde und rief: »Ich bin nicht mehr als ein Floh! Mein Leben ist keinen Pfennig wert!«

Und wie sich die beiden dort so auf dem Waldboden herumwälzten, kam ein junger Student der jüdischen Jeshiwa-Hochschule des Wegs. Er warf sich neben ihnen auf die Erde und rief: »Ich bin ein Nichts! Herr, ich bin noch weniger als nichts! Verglichen mit mir ist selbst ein Floh riesig!«

Darauf erhoben sich die beiden Rabbiner, zerrten den Studenten am Kragen hoch und fauchten mit verächtlicher Miene: »Was glaubst du wohl, wer du bist, dass du hier verkünden kannst, du wärst ein Nichts, du arroganter Schnösel?«

Auch wenn ein eitler Mann lange die Gesellschaft eines Weisen genießt, wird er dadurch ebensowenig Weisheit erlangen wie ein Löffel den Geschmack der Speisen annimmt, die er befördert.

Lew Tolstoi

EINE KURZE ABHANDLUNG ZUM THEMA BEGEHREN

Herr, mach, dass ich stets mehr begehre, als ich schaffen kann.

Michelangelo

Jeder von uns hat eine schier endlose Zahl höchst unterschiedlicher Leidenschaften und Begierden. Lieben, sehen, hören und sprechen sind nur einige davon. Für

Spinoza war *cupiditas*, das Begehren, die zentrale Eigenschaft des Menschen, er schrieb allerdings auch:

> *Am meisten ist derjenige Sklave, der so von seinen Lüsten beherrscht wird, dass er seinen Vorteil weder erkennen noch nach ihm handeln kann.*
>
> Baruch de Spinoza

Spinoza war der festen Überzeugung, dass der denkende Geist nicht gegen Lüste oder Leidenschaften ankommen kann, da ihr Einfluss auf uns bedeutend größer ist, und ferner, dass jedes Begehren nur von einem noch stärkeren bezwungen werden kann. Demzufolge ist für Spinoza das einzig wirksame Mittel im Kampf gegen eine Versuchung eine noch größere Versuchung, während Oscar Wilde befand, die einzige Möglichkeit, sich von einer Versuchung zu befreien, sei, ihr nachzugeben.

Ehe wir uns weiter in die Materie vertiefen, sollten wir uns wohl ein paar Gedanken über die Terminologie machen und klären, in welchem Verhältnis beispielsweise »Begehren« (auch »Verlangen« oder »Begierde«), »Anspruch« und »Bedürfnis« zueinander stehen. In »Die Bedeutung des Phallus« präsentiert uns Jacques Lacan, ein ausgesprochen einflussreicher französischer Psychoanalytiker und Philosoph der Psychiatrie, die folgende mathematische Formel zur Unterscheidung der drei Begriffe:

Begehren = Anspruch – Bedürfnis

Wenn wir also die Bedürfnisse von den Ansprüchen subtrahieren, ergeben sich daraus unsere Begierden. In den meisten Fällen ist ein Bedürfnis ein biologischer Zwang,

Trieb oder Instinkt, den wir in Form eines Anspruchs äußern, bis das Bedürfnis gestillt ist.

Hier ein paar Beispiele: Wenn ein Mensch vier Paar Schuhe für das tägliche Leben benötigt, aber 707 Paar Schuhe besitzt, so repräsentieren die übrigen 703 Paar Schuhe sein Verlangen nach Schuhen. Wenn jemand bei einer Dinnerparty oder einer Familienzusammenkunft immer weiterisst, obwohl er schon längst keinen Hunger mehr hat, ist das ein typischer Fall von Gier, einem übersteigerten Verlangen nach Essen.

Dass sich in meiner privaten Bibliothek deutlich mehr Bücher befinden, als ich in meinem ganzen Leben je lesen kann, hat nichts mit einem biologischen Bedürfnis zu tun, sondern ist auf mein Verlangen nach dem geschriebenen Wort zurückzuführen. Wenn kein biologisches Bedürfnis besteht, verschmelzen Anspruch und Begehren (Verlangen). In solchen Fällen spreche ich von einem »reinen Begehren (Verlangen)«.

Ein Bedürfnis entsteht immer bezogen auf ein Objekt, das dieses Bedürfnis stillen kann (ein warmer Mantel an einem Wintertag), während ein Begehren oder Verlangen auf den Auslöser ausgerichtet ist (in meinem Fall: eine schöne Frau, ein Musikstück von Bach, ein gutes Buch). Während jedoch ein Bedürfnis meist gestillt werden kann, kommt dies im Falle eines Begehrens oder Verlangens nur höchst selten vor. Ich persönlich werde wohl nie von mir behaupten können, ich hätte genügend schöne Frauen gesehen, genügend schöne Musik gehört oder genügend gute Bücher gelesen. Der slowenische Philosoph Slavoj Žižek ist der Auffassung, *raison d'être* des Verlangens sei es nicht, befriedigt zu werden, sondern zu wachsen – Begierden wollen nicht gestillt, sondern immer weiter angeschürt werden.

Da ich ein großer Fan von Listen und Tabellen bin, musste ich an dieser Stelle eine Tabelle des Begehrens einfügen. Zuvor möchte ich jedoch an jene wichtige Erkenntnis zum Thema triviale und fundamentale Wahrheiten erinnern, die bereits zur Sprache kam, denn sie trifft insbesondere auf den Bereich des Begehrens zu: Wir können vollkommen gegensätzliche Dinge begehren, insbesondere, wenn es um die Dinge geht, die wir am stärksten begehren.

In die leeren Felder können Sie, wenn Sie wollen, gern noch weitere Dinge schreiben, die Sie begehren.

Lieben	geliebt werden	Wissen
Sehen	Hören	Sprechen
Sexuelles Begehren	Nahrung	Glück
Berühmtheit	Bedeutung	Geld
Macht	Ewiges Leben	Authentizität
Anerkennung	Langeweile	Unkenntnis
Der Drang, sich ein Begehren zu versagen		

ZEHN BEMERKUNGEN ZU DINGEN, DIE WIR BEGEHREN

Bemerkung 1

Liebe ist zweifellos ein Begehren. Jeder von uns will geliebt werden, und wir werden nie sagen, wir hätten genug geliebt oder wären genug geliebt worden.

Die meisten Menschen wollen sowohl lieben als auch geliebt werden. Auch für die französische Schriftstellerin George Sand bestand das größtmögliche Glück darin, zu lieben und geliebt zu werden. In seinem *Symposion* stellt Platon allerdings die Behauptung auf, jedes Paar bestehe aus einem Partner, der mehr liebt, und einem, der mehr geliebt wird.

Und überhaupt entwickeln sich die Dinge nicht immer ganz nach unseren Vorstellungen: Die polnische Malerin und Journalistin Janina Ipohorska schrieb einst: »Ich liebe und werde geliebt. Schade nur, dass es sich dabei nicht um denselben Mann handelt.«

Bemerkung 2

Es mag überraschen, dass ich den Begriff Langeweile in meine Tabelle aufgenommen habe. Doch Langeweile ist unser Begehren nach einem Begehren. Ich würde zu gern behaupten, das sei allein auf meinem Mist gewachsen, aber das kann ich nicht – vermutlich bin ich in den Werken Tolstois darüber gestolpert.

Ist Wissen etwas, das wir begehren? Wollen wir wirklich Gewissheit? In manchen Fällen durchaus, in anderen lieber nicht. Lacan zufolge ist die weit verbreitete Überzeugung, der Wissenstrieb sei uns angeboren, falsch – seiner Ansicht nach entspreche der Drang nach Unwissenheit viel eher dem menschlichen Naturell.

Lassen Sie mich dazu ein Beispiel nennen. Ich nehme mal an, nur wenige Menschen möchten über den Zeitpunkt ihres eigenen Todes informiert sein. Nicht zu wissen, wann wir sterben werden, verleiht uns allen zu einem gewissen Grad das Gefühl, unsterblich zu sein. Übrigens leben Tiere quasi außerhalb der Dimension der Zeit, denn sie sind sich ihrer Sterblichkeit nicht bewusst. Tja, selig die Unwissenden, denn sie weilen im Königreich der Ewigkeit.

Eine der faszinierendsten Geschichten zum Thema Leben mit Ablaufdatum ist für mich Ridley Scotts Film *Blade Runner*, der auf einer Geschichte von Philip K. Dick basiert. Darin geht es unter anderem um einen »Replikanten« (d. h. Androiden) namens Roy, der seinen Schöpfer aufsucht, weil er nicht wie vorhergesehen nach vier Jahren sterben will. Wie die meisten von uns hängt er am Leben. Sein Wunsch geht nicht in Erfüllung, aber da Roy nicht nur sein eigenes Leben liebt, sondern das Leben ganz allgemein, rettet er am Ende sogar den Mann, der ausgesandt wurde, um ihn aus dem Verkehr zu ziehen.

Ein extremes Beispiel, ich weiß, aber vom Zeitpunkt unseres Todes einmal abgesehen, gibt es auch sonst so einiges, das wir lieber nicht wissen wollen, seien es Ereignisse, die in der Vergangenheit oder in der Zukunft liegen, seien es Details über uns selbst oder die Menschen, die wir lieben oder hassen.

Emmanuel Kant beschäftigte die Frage »Was können wir wissen?«, Friedrich Nietzsche fragte: »Was ist wissenswürdig?«. Der jüdische Philosoph und Arzt Maimonides, ein bedeutender Gelehrter des Mittelalters, vertrat bemerkenswerte Ansichten, was den Baum der Erkenntnis aus dem Buch *Genesis* anbelangt: Seiner Meinung nach taten Adam und Eva das Richtige, als sie die Früchte des Baumes aßen, obwohl sie damit die Vertreibung aus dem Paradies riskierten. Laut Maimonides ist ein Leben als denkender, aufgeklärter Mensch dem Dasein als unwissender, nicht denkender Mensch in einem Paradies der Dummen vorzuziehen. Neugier ist für ihn keine Sünde, zudem sei dem allwissenden Gott, der uns nach seinem Ebenbild erschaffen hat, klar gewesen, dass wir stets nach Erkenntnis streben würden.

Auch Sokrates wusste um diese beiden gegensätzlichen Begierden. In seinen Augen war das Verlangen nach Wissen das höchste Gut, das Verlangen nach Unkenntnis dagegen das größte Übel. »Erkenne dich selbst!«, forderte er. Ein Leben, das nicht infrage gestellt wird, war ihm zufolge wertlos.

Der polnische Sci-Fi-Schrifststeller Stanisław Lem geht in *Solaris* noch eine Stufe weiter: Hier führt die Selbsterkenntnis, die Konfrontation mit dem tiefsten Inneren des Geistes, dazu, dass die Menschen den Verstand verlieren und sogar Selbstmord begehen. Wie gesagt: Bisweilen ist Unwissenheit ein Segen.

Ich persönlich habe weder mit der einen noch mit der anderen Haltung zum Thema ein Problem, denn ich habe die Erfahrung gemacht, dass einer fundamentalen

Wahrheit üblicherweise eine zweite fundamentale Wahrheit gegenübersteht. Sowohl Wissbegier als auch das Verlangen nach Unwissenheit sind absolut menschlich, und sie schließen sich keineswegs gegenseitig aus.

Selbst König Salomo ist diesbezüglich unentschlossen. Zum einen schreibt er: »Und ich sah, dass die Weisheit den gleichen Vorzug vor der Torheit hat wie das Licht vor der Finsternis« (Prediger 2,13), zum anderen: »Denn wo viel Weisheit ist, ist viel Verdruss, und wer Kenntnis mehrt, mehrt Kummer« (Prediger 1,18).

Ein Experiment, inspiriert von Friedrich Nietzsche

Wenn Sie sich selbst erkennen wollen, indem Sie all die Masken, die Sie tragen, ablegen – und wenn Sie glauben, Sie haben den Mut dazu –, dann starten Sie das folgende Experiment: Suchen Sie sich einen ruhigen Raum, schließen Sie Fenster und Vorhänge und schalten Sie sämtliche Lichter sowie sonstige potenzielle Störfaktoren akustischer oder anderer Art aus. Nehmen Sie Platz und versuchen Sie, zur Ruhe zu kommen, und dann konzentrieren Sie sich und stellen Sie sich folgende Fragen: Wer bin ich *wirklich*? Was möchte ich *wirklich* aus mir machen? Was würde ich tun, wenn alles möglich wäre? Wen liebe ich? Wen hasse ich und warum? Beneide ich andere? Wen und warum? Wie stehe ich zu meinen Eltern, meinem Partner, meinen Geschwistern, ungeachtet sämtlicher sozialer Konventionen? Was war der schlimmste Gedanke, den ich je hatte? Kann man mir vertrauen, wenn es hart auf hart kommt? Bin ich mutig? Fürchte ich den Tod? Habe ich all diese Fragen offen und ehrlich beantwortet?

Für Nietzsche war es kein Zufall, dass sich das Wort »Person« etymologisch vom Lateinischen *persona*, also »Maske« oder »Rolle« herleitet. Ich finde das ebenfalls sehr aufschlussreich, tragen wir doch alle ständig Masken und schlüpfen unentwegt in bestimmte Rollen.

Wir sind alle Schauspieler. Wir sind so daran gewöhnt, uns in der Gegenwart anderer Menschen zu verstellen, dass wir es selbst dann tun, wenn wir allein sind, und es fällt uns noch nicht einmal auf. Mit unseren Versuchen, andere zu täuschen, sind wir mal mehr und mal weniger erfolgreich, in punkto Selbsttäuschung dagegen sind wir unschlagbar.

Das Interessanteste am oben erwähnten Experiment ist, dass wir, sobald wir eine Maske abgenommen haben, darunter zu unserer Verblüffung eine neue Maske entdecken. Diese abzunehmen, fällt uns bereits etwas schwerer, und wenn es uns schließlich gelungen ist, kommt darunter schon die nächste zum Vorschein. So geht das immer weiter. Ich nehme an, es dient unserer geistigen Gesundheit, dass wir so viele Masken tragen, die uns daran hindern, unser wahres Ich zu erkennen.

Ich bin bislang bis zur dritten Maske gekommen, dann musste ich das Experiment abbrechen, weil es mir zu viel Angst einjagte. Menschen, denen dieses Experiment keine Angst einflößt, machen entweder etwas falsch, oder sie lügen sich ganz gehörig in die Tasche.

Bemerkung 4

Sexuelles Begehren ist quasi der Rolls Royce unter den menschlichen Begierden. Na ja, Sie wissen schon, was ich meine. Henry Miller behauptete einst, Sex sei einer der neun Gründe für die Wiedergeburt, die übrigen acht seien unwichtig. Damit ist wohl alles gesagt.

Bemerkung 5

Auch Echtheit ist etwas, das wir häufig begehren – kein Wunder, sind doch Lug und Trug im 20. und 21. Jahrhundert weiter verbreitet denn je. Hier einige Beispiele für unseren Ersatzwahn: Es gibt koffeinfreien Kaffee, alkoholfreies Bier, kalorienreduzierte und weitgehend geschmacksneutrale Limonaden, zucker- und cholesterinfreie Torten, virtuellen Sex, Couch-Sportarten, Bücher ohne Worte, Worte ohne Bedeutung, Kriege ohne sichtbare Feinde und Menschen ohne Persönlichkeit. Realityshows und Endlos-Seifenopern ersetzen das wahre Leben, Facebook-Bekanntschaften ersetzen echte Freunde, höfliche Floskeln ersetzen Manieren und Interesse. Statt echter innerer Arbeit buchen wir bourgeoise Wochenend-spiritualität oder investieren viel Zeit und Geld in eine Veränderung unseres Äußeren, und statt nach Wissen und Erkenntnis zu streben, frönen wir trivialen Arten des Zeitvertreibs. Mehr Schein als Sein, so weit das Auge reicht.

Gibt es überhaupt noch etwas, das echt ist?

Wenn Sie mich fragen, ist Schmerz stets echt, und wahre Liebe muss es ebenfalls sein, aber es wundert mich nicht, dass junge Menschen auf der Suche danach andauernd in irgendwelche Sackgassen geraten.

Absolut offen und ehrlich zu sein, bedeutet, das Herz auf der Zunge zu tragen, die Kontrolle zu verlieren. Doch die meisten Menschen machen vorsorglich die Schotten dicht aus Angst, ihre Umgebung könnte erfahren, was sie wirklich denken, fühlen oder fürchten, wen sie wirklich lieben oder hassen. Deshalb war die Lüge für Nietzsche ein zentrales Wesensmerkmal der menschlichen Existenz; deshalb schrieb Tschechow, das Leben der meisten Menschen finde in geheimen Kammern ihres Herzens statt, zu denen nur sie selbst Zutritt hätten.

Bemerkung 6

Glück ist etwas, das jeder Mensch begehrt. Es gibt unzählige Ausprägungen des Glücks, jeder kann die Bedeutung des Wortes Glück nach Belieben für sich interpretieren, aber das Streben nach Glück ist ein menschliches Grundbedürfnis. Allerdings kann es auch ein zweischneidiges Schwert sein.

Einstein gab an, er ziehe das Lösen komplizierter Gleichungen dem Glücklichsein vor, aber ich wage zu behaupten, dass auch er glücklich sein wollte – und dass ihn das Lösen komplizierter Gleichungen glücklich machte.

Manche Psychologen meinen, Glück sei Verrat am Begehren, andere behaupten, Begehren sei Verrat am Glück. Es gibt aber auch Psychologen, die den Standpunkt vertreten, glücklich sei nur, wer sich jegliches Begehren versagt.

Im Buddhismus gilt *Tanha* (Begehren oder Durst) als Ursache fast aller menschlichen Probleme sowie als Auslöser von Konflikten und Leid. Wer sein Glück allzu leidenschaftlich begehrt, verrät es, so Buddha, denn es ist unmöglich, glücklich zu sein, solange man sich danach sehnt, glücklich zu sein.

Dennoch ist auch hier Vorsicht geboten: Selbst buddhistische Mönche könnten in die *Tanha*-Falle tappen, wenn sie dem Begehren nachgeben, jegliches Begehren zu überwinden.

> *Begehren im Geiste ist die wahre Unreinheit und ein sehr großes Übel.*
>
> Swami Sivananda

Ich kann weder den Psychoanalytikern noch den buddhistischen Mönchen hundertprozentig recht geben. Ich schätze, es hängt immer davon ab, was man will. Was mich betrifft, so gibt es Begierden, die ich sehr genieße, und ich wäre nur zu gern ihr Sklave, während ich auf andere gut und gern verzichten könnte.

Bemerkung 7

Das Verlangen zu sehen, zu hören und zu sprechen ist tief in uns verwurzelt. Sie müssen Ihre Mitmenschen nur ein wenig beobachten, um dieses Trio in Aktion zu erleben. Unser Verlangen nach schönen Ausblicken beispielsweise ist selbst nach zahlreichen ausgedehnten Weltreisen noch immer nicht gestillt. Ein Freund fragte mich einmal nach dem Grund meiner Reise in die Schweiz (in seinen Augen offenbar ein uninteressantes Reiseziel). »Nun, ja«, sagte ich, »mal angenommen, ich müsste sterben, ohne je in der Schweiz gewesen zu sein, so bestünde doch die Gefahr, dass Gott entrüstet ist, wenn ich vor ihn trete. Schließlich muss es ein hartes Stück Arbeit gewesen sein, die Trümmelbachfälle, die Jungfrau oder den Creux du Van zu erschaffen. Da ist es doch das Mindeste, was ich tun kann, dass ich mir seine Werke ansehe.«

Das Buch, das Sie gerade in Händen halten, entstammt meinem Verlangen, mich über Dinge auszulassen, die mich interessieren, und ich hoffe, dass Sie, liebe Leser, es als eine Unterhaltung unter Freunden betrachten. Ja, ich kann Sie hören.

Ich schreibe, weil ich nicht anders kann. Wenn ich ein Buch lese, kritzle ich Kommentare an die Seitenränder. Wenn ich eine Idee habe oder ein Musikstück höre, das mir gefällt, halte ich das in einem Notizheft fest. Ich tippe Wörter und Sätze auf meiner Tastatur und speichere sie auf meiner Festplatte. Ich schrieb selbst dann, als ich noch keinerlei Hoffnung hegte, dass meine Ergüsse je in Buchform veröffentlicht und eine Leserschaft finden würden.

Bemerkung 8

Die kluge Griechin Diotima wies Sokrates darauf hin, dass wir nur Dinge begehren, die uns »nicht gehören«, und dass wir etwas umso mehr begehren, je stärker wir uns darum bemühen müssen. Unsterblichkeit zu erlangen, ist absolut unmöglich, und genau deshalb gehört sie seit jeher zu den Dingen, die die Menschen am meisten begehren. Da wir gerade bei den alten Griechen sind: Odysseus hob sich diesbezüglich von der Masse ab – er lehnte nämlich ab, als ihm die Nymphe Calypso, die ihn zu ihrem Ehemann machen wollte, anbot, ihn unsterblich zu machen. Sein Wunsch, nach Ithaka zurückzukehren, war stärker. Tja, es ist eben alles eine Frage der Prioritäten.

Bemerkung 9

Die meisten Menschen wünschen sich sehnlichst, ihr Leben möge einen Sinn ergeben. Es ist ja auch kein schönes Gefühl, ratlos und verloren auf der Bühne des Lebens herumzustehen wie ein Schauspieler, der vergeblich auf Anweisungen wartet, weil sich der Regisseur des Stücks aus dem Staub gemacht hat. Wir wollen wissen, welche Rolle uns zugedacht ist, und außerdem wollen die meisten von uns mehr Text.

> *Man muss dem Leben einen Sinn geben, aus dem einfachen Grund, dass es keinen hat.*
>
> Henry Miller

Bemerkung 10

Unser Verlangen nach Anerkennung ist beachtlich. Angeblich verfügte William James kurz nach Fertigstellung seines monumentalen, tausendzweihundert Seiten starken Werks *Die Prinzipien der Psychologie*, es solle eingestampft werden, weil er das wichtigste menschliche Begehren vergessen hatte: das Begehren nach Anerkennung.

Natürlich sehnen wir alle uns nach Anerkennung. Wir wünschen uns, dass unsere Eltern und Freunde, ja selbst unsere Feinde gut von uns denken. Wir sind sogar auf die Anerkennung von Menschen erpicht, die wir gar nicht kennen oder die uns nicht das Geringste bedeuten (»Was werden die Nachbarn denken?«).

Im tiefsten Inneren seines Herzens hat kein Mensch so recht Respekt vor sich selbst.

Mark Twain

Wir wollen alle berühmt sein und beneidet werden. Und – ich erinnere an Dostojewski und Nietzsche – selbst Menschen, die sich selbst verachten, achten sich selbst als Verächter.

Rabindranath Tagore stellte fest: Selbst alte, weise Menschen wollen einen guten Eindruck hinterlassen, und jeder von uns liebt Komplimente, obwohl wir manchmal sogar wissen, dass sie nicht aufrichtig gemeint sind.

Zu einem gewissen Grad steckt in jedem von uns der Eitle aus dem Buch *Der kleine Prinz*, und dennoch kann der äußere Eindruck täuschen, wie wir bereits gelernt haben: Größenwahnsinnige Menschen leiden sehr oft auch an einem Minderwertigkeitskomplex.

Blaise Pascal pflegte einen Bußgürtel zu tragen, der an der Innenseite mit Metallspitzen versehen war und den er enger zog, wann immer er sich bei einer Prahlerei oder bei dem Versuch, andere (oder sich selbst) zu beeindrucken, ertappte. So viel Strenge finde ich ehrlich gesagt übertrieben. In meinen Augen ist der Wunsch nach Anerkennung schlicht und ergreifend menschlich, vorausgesetzt, er hält sich in einem gewissen Rahmen. Zugegeben, er ist ein Makel, aber es gibt weit schlimmere Verfehlungen, über die wir uns den Kopf zerbrechen müssen.

DER DRANG, ZU REGIEREN UND ZU URTEILEN

(der kleine Prinz lernt einen König kennen)

Auf dem ersten Asteroiden, den er auf seiner Reise besucht, begegnet der kleine Prinz einem wunderlichen alten König, der den unkontrollierbaren Drang verspürt, die Welt zu regieren und alle herumzukommandieren. Dafür ist er zumindest ein weiser Regent und erlässt nur vernünftige Befehle, was ja eher selten vorkommt. Der kleine Prinz, den die lange Reise ermüdet hat, gähnt dem König ungeniert ins Gesicht.

»Es verstößt gegen die Etikette, in Gegenwart eines Königs zu gähnen«, sagte der Monarch. »Ich verbiete es dir.«

»Ich kann es nicht unterdrücken«, antwortete der kleine Prinz ganz verwirrt. »Ich habe eine weite Reise gemacht und habe nicht geschlafen ...«

»Dann«, sagte der König, »befehle ich dir zu gähnen. Ich habe seit Jahren niemanden gähnen sehen, das Gähnen ist für mich eine Seltenheit. Los! Gähne noch einmal! Es ist ein Befehl.«

Schon daran lässt sich erkennen, wie vernünftig und weise der König ist. Wenig später erklärt er seinem Besucher:

»Wenn ich einem General geböte [...], sich in einen Seevogel zu verwandeln, und wenn dieser General den erhaltenen Befehl nicht ausführte, wer wäre im Unrecht, er oder ich? [...] Man muss von jedem fordern, was er leisten kann.«

Leider sind nicht alle Herrscher wie dieser König. Viele Regenten erteilen ihren Untertanen völlig absurde Befehle, die oft genug befolgt werden. Die Geschichtsbücher sind voll von zumeist tragischen Beispielen dafür.

> *Nichts erscheint erstaunlicher bei der philosophischen Betrachtung menschlicher Angelegenheiten als die Leichtigkeit, mit der die Vielen von Wenigen regiert werden.*
>
> David Hume

Der König hätte schrecklich gern einen derart gefälligen Untertanen, also bietet er seinem Besucher einen Ministerposten an, um ihn zum Bleiben zu bewegen – und zwar nicht einfach irgendeinen: Der kleine Prinz soll Justizminister werden. Auf den Einwand, es gebe auf dem Planeten (Asteroiden) niemanden, über den er urteilen könne, erwidert der König:

»Du wirst also über dich selbst richten. [...] Das ist das Schwerste. Es ist viel schwerer, sich selbst zu verurteilen, als über andere zu richten. Wenn es dir gelingt, über dich selbst gut zu Gericht zu sitzen, dann bist du ein wirklicher Weiser.«

An früherer Stelle besprachen wir bereits, warum so viele Menschen gewillt sind, alles Schlechte zu glauben, das sie über andere hören, während sie das Gute anzweifeln. Erinnern Sie sich an La Rochefoucaulds Antwort? »Wenn wir selbst keine Fehler hätten, würden wir sie nicht mit so großem Vergnügen an anderen entdecken.«

Unser Drang, über andere zu urteilen, könnte also auf

unsere Schuldgefühle zurückzuführen sein. Dostojewski mutmaßte allerdings, unser Impuls, andere zu verurteilen und zu bestrafen, rühre von unserem starken Drang nach Rache her. Der berühmt-berüchtigte Marquis de Sade wurde nach der Französischen Revolution zum Richter ernannt, verlor den Posten jedoch bald wieder, weil er die Guillotine nicht oft genug einsetzte. Der Marquis, auf dessen Name das Wort Sadismus zurückgeht, war den Leuten nicht grausam genug! Seiner Ansicht nach sollte nämlich jemand, der das Amt eines Richters bekleidet, den Menschen keinen Schaden zufügen. Dass man in blinder Wut tötet, erschien ihm absolut einleuchtend, aber einen Menschen kaltblütig zu enthaupten, das ging selbst ihm zu weit.

Ein chinesisches Sprichwort besagt, man solle über niemanden urteilen, ehe man nicht selbst tausend Meilen in seinen Schuhen gegangen sei. Im Neuen Testament werden wir dazu angehalten, die eigenen Makel nicht einfach auszublenden: »Was aber siehst du den Splitter, der in deines Bruders Auge ist, den Balken aber in deinem Auge nimmst du nicht wahr? Oder wie wirst du zu deinem Bruder sagen: Erlaube, ich will den Splitter aus deinem Auge ziehen; und siehe, der Balken ist in deinem Auge? Heuchler, zieh zuerst den Balken aus deinem Auge! Und dann wirst du klar sehen, um den Splitter aus deines Bruders Auge zu ziehen.« (Matthäus 7,3–5)

Und auch der jüdische Gelehrte Hillel empfiehlt:

Richte deinen Nächsten nicht, bevor du dich in seine Lage versetztest! (Sprüche der Väter)

Ich interpretiere Hillels Bemerkung folgendermaßen: Es ist mir unmöglich, mich hundertprozentig in einen anderen Menschen hineinzuversetzen, und sollte es mir wundersamerweise doch gelingen, dann bin ich genau wie er und habe kein Recht, ihn zu richten.

Wie kann überhaupt ein Mensch über einen anderen richten?

Manche Menschen – vor allem solche, die sich für wichtig halten – behandeln andere, als wären sie unsichtbar. Ist denn der Pförtner einer Universität weniger wichtig als der Professor, den er tagtäglich begrüßt? Für wen, und warum?

Vor Gott sind wir alle gleich weise und ebenso töricht.

Albert Einstein

Ich hatte das Glück, einem Vortrag des Dalai Lama zum Thema Zorn, Weisheit und unsere Neigung, über andere zu urteilen, beizuwohnen, in dem seine Heiligkeit erklärte, Groll sei stets auf einen unangebrachten Drang zu urteilen zurückzuführen. Wenn wir beispielsweise an einer roten Ampel stehen, und der Fahrer des Wagens hinter uns beginnt zu hupen, sobald die Ampel auf Grün umschaltet, dann ärgern wir uns und bilden uns ein harsches Urteil über diesen Menschen. Doch das ist in den Augen des Dalai Lama ein Fehler, denn wir wissen nicht, warum er gehupt hat. Vielleicht ist er auf dem Weg zum Krankenhaus. Vielleicht ist es eine Mutter, die eins ihrer Kinder vom Sport abholen muss und viel zu spät dran ist. Vielleicht ist es ein Mann, der mit den Nerven am Ende ist, weil er soeben erfahren hat, dass er schwer krank ist. Wir kennen den Grund für das Hupen nicht, weshalb weise

Menschen in dieser Situation nicht in Rage geraten und den Betreffenden nicht verurteilen.

WIE VIEL IST GENUG?

Was unsere pekuniären Interessen angeht, so ist für die meisten Menschen Geld schlicht ein Mittel zum Zweck: Es dient dazu, Bedürfnisse zu decken. Wer jedoch Geld nur deshalb anhäuft, weil er es begehrt, wird früher oder später feststellen, dass selbst alles Gold der Welt nicht ausreicht, um seinen Hunger danach zu stillen.

Antoine de Saint-Exupéry befasste sich ausführlich mit diesem Thema. Auf dem vierten Planeten, den der kleine Prinz besucht, lebt ein Geschäftsmann, der damit beschäftigt ist, die Sterne zu zählen, von denen er glaubt, er würde sie besitzen. Durch einen Verkauf der Sterne, die ihm »gehören«, hofft er, sich weitere Sterne zulegen zu können.

Als sich der kleine Prinz erkundigt, was der Geschäftsmann davon hat, so viele Sterne zu »besitzen«, antwortet dieser: »Ich schreibe die Zahl meiner Sterne auf ein Stück Papier, dann schließe ich dieses Papier in eine Schublade ein.«

Das gesamte Kapitel ist natürlich eine Parodie auf den schnöden Mammon. Im Grunde ist eine Hundert-Dollar-Note ja keinen Cent wert. Ihren Wert bestimmen allein wir, indem wir so tun, als wäre sie hundert Dollar wert.

Warum zerbrechen wir uns den Kopf über unseren Kontostand? Macht es uns glücklicher, hundert Millionen statt »nur« achtundachtzig Millionen auf der hohen Kante zu haben? Die meisten von uns verwahren ihre Kontoauszüge zu Hause in einem Ordner oder einer Schublade, und je höher der darauf ausgewiesene Saldo, desto zufriedener sind wir, genau wie der oben erwähnte Geschäftsmann.

Das ist doch in der Tat alles sehr absonderlich.

Auch Spinoza hat zum Thema Geiz und Gier so einiges zu sagen. In seinen Augen ist Habsucht eine nicht unterdrückte Leidenschaft und ein unkontrollierbares Begehren nach einem Überfluss an materiellen Gütern.

Wie viel Erde braucht der Mensch?
(sehr frei nach einer Geschichte von Lew Tolstoi)

Boris Landovsky hatte ein seltsames Hobby: Er sammelte Grundstücke. Er besaß bereits ziemlich viele Ländereien, aber er war süchtig nach mehr, und eine Sucht kann bekanntlich nicht gestillt werden. Boris machte sogar Scherze über seine Leidenschaft: »Ich brauche gar nicht alle Ländereien der Welt. Ich möchte nur das Land besitzen, das an meine Grundstücke angrenzt«, sagte er bisweilen zu seinen Freunden mit einem selbstgefälligen Lächeln.

Eines Tages brach er besonders früh auf und begab sich auf Schnäppchenjagd, mit dem Ziel, möglichst viel Land zu einem unschlagbar günstigen Preis zu kaufen. Doch er erlebte eine Enttäuschung nach der anderen. Die Ländereien, die man ihm anbot, waren entweder minderwertig oder zu teuer oder standen nicht zum Verkauf. Gegen Mittag kehrte er in ein Dorfgasthaus ein und bestellte etwas zu trinken.

Und wie er so dort saß, mit hängenden Schultern und finsterer Miene, traten drei bärtige Tschetschenen an seinen Tisch. Sie wollten ihr Land veräußern und hatten gehört, dass er auf der Suche nach Grundstücken war. »Wir haben viel fruchtbares Land, und das Preis-Leistungs-Verhältnis ist ziemlich gut«, sagten die drei.

»Wo ist dieses Land?«, fragte Boris mit leuchtenden Augen.

»Zu Fuß etwa eine Viertelstunde von hier«, lautete die Antwort.

Boris erhob sich. »Gehen wir.«

Eine Viertelstunde später standen die vier am Rande eines riesigen Feldes. Üppiges Grün, so weit das Auge reichte.

»Wie viel wollt ihr für dieses Grundstück?«, fragte Boris.

»Wir machen es so«, sagten die Tschetschenen, »du gibst uns einfach hundert Rubel, und dann kannst du dir bis zum Sonnenuntergang überlegen, wie viel du davon haben möchtest. Du musst das Land lediglich zu Fuß umrunden, dann gehört es dir. Wenn du allerdings bis zum Sonnenuntergang nicht wieder hier am Ausgangspunkt bist, hast du deine hundert Rubel verloren.«

»Das ist nicht euer Ernst«, sagte Boris ungläubig.

»Tschetschenen sind immer ernst«, sagten die drei sehr ernst.

»Na, dann will ich mal nicht unnötig Zeit verschwenden. Hier sind eure hundert Rubel. Kann's losgehen?«

»Nur zu«, sagten sie.

Also machte sich Boris auf den Weg. »Das wird das Geschäft meines Lebens«, dachte er. »Ich muss bloß zusehen, dass ich möglichst weit komme.« Nach ein, zwei Minuten begann er zu rennen. Es war wirklich ein hervorragendes Geschäft. Er musste nur möglichst viel Land umrunden. Die drei bärtigen Tschetschenen verfolgten mit ernster Miene, wie er sich immer weiter von ihnen entfernte. Dann und wann blickte Boris zum Himmel hinauf, um sich davon zu überzeugen, dass er noch gut in der Zeit lag.

Und während er lief und lief und lief, hatte er nur einen Gedanken: »Nur noch ein bisschen weiter! Ich brauche noch mehr Land. Diese Chance darf ich mir nicht entgehen lassen. Noch habe ich Zeit; noch schaffe ich es locker zurück zum Ausgangspunkt.«

Als er das nächste Mal den Kopf hob, musste er zu seiner Überraschung feststellen, dass die Sonne schon bedenklich weit in Richtung Horizont gewandert war. Er war alles andere als erfreut, sah aber ein, dass er wohl oder übel den Ausgangspunkt ansteuern musste, wenn er rechtzeitig zurück sein wollte. Als er versuchte, das Tempo zu steigern, sah er sich mit zwei deprimierenden Tatsachen konfrontiert. Erstens: Es ist ziemlich schwierig, schnell zu laufen, nachdem man bereits mehrere Stunden gelaufen ist, vor allem, wenn man über vierzig ist. Zweitens: Wenn man noch vor Sonnenuntergang irgendwo sein will, sinkt die Sonne doppelt so rasch.

Boris rannte, so schnell er konnte, nach Atem ringend, aber er hatte scheußliches Seitenstechen, seine Lungen brannten, und sein Herz klopfte wie verrückt.

Trotzdem setzte er auf den letzten Metern zum Sprint an, denn die Sonne versank bereits hinter dem Horizont. Es war nur noch ein roter Schimmer von ihr übrig, als er die drei Tschetschenen endlich erreichte.

»Geschafft! Das ganze Land gehört mir!«, dachte er benommen.

Tragischerweise war das sein letzter Gedanke, denn danach brach der gute Boris zusammen und starb.

»Tja, im Grunde braucht der Mensch gerade so viel Grund und Boden, dass man ihn bequem bestatten kann«, sagten die drei Tschetschenen ernst und schaufelten Erde auf sein frisches Grab.

Wir haben also gelernt, dass Habsucht und Gier etwas Schlechtes sind. Trotzdem schämt sich heutzutage kaum jemand für seinen Reichtum. Kein Wunder, schließlich werden Menschen, die alles haben und sich jeden Wunsch erfüllen können, angefangen von Tutanchamun bis hin zu den Oligarchen der modernen Welt, bejubelt und bewundert.

Es ist keine Schande, arm zu sein ... aber eine besondere Ehre ist es auch nicht.

Tevye der Milchmann im Musical *Anatevka*

Tolstoi kam zu dem Schluss, dass anständige Menschen nicht reich sein können und reiche Menschen nicht anständig. Gegen Ende seines Lebens hegte er eine tiefe Abneigung gegen Besitz und Vermögen.

Wobei so mancher Gegner des Kapitalismus auch kein Heiliger war: Lenin und Stalin, zwei erklärte Geldhasser, haben Millionen Sowjetbürger auf dem Gewissen. Extremismus ist nie ratsam.

Alle leeren Seelen neigen zu extremen Meinungen.

William Butler Yeats

Es ist zwar falsch, Geld zu hassen, aber wir sollten es auch nicht zu sehr begehren. Aristoteles zufolge liegt das Ideal in fast jeder Angelegenheit irgendwo zwischen zwei Extremen, wenn auch nicht immer genau in der Mitte.

Habgier ist ein Begehren, das nicht gestillt werden kann, denn die betreffenden Menschen wollen nicht bloß reich sein, sondern reicher – sprich, reicher als alle anderen. Und das ist ein echtes Problem.

Der folgende Dialog stammt aus dem Film *Wall Street: Das Geld schläft nicht.*

Jacob, ein junger, ehrgeiziger Trader, versucht Bretton, dem Chef einer Investment Bank (und dem Bösewicht des Films), auf den Zahn zu fühlen.

Jacob: Wie hoch ist der Preis?
Bretton: Wie bitte?
Jacob: Die Summe, bei der Sie aussteigen würden, um einfach nur noch zu leben. Jeder hat einen Preis, und die meisten haben eine genaue Zahl vor Augen. Wie lautet Ihre?
Bretton: Mehr.

> *Denn was wird es einem Menschen nützen, wenn er die ganze Welt gewönne, aber sein Leben einbüßte? Oder was wird ein Mensch als Lösegeld geben für sein Leben?*
>
> Matthäus 16,26

Ein geldgeiler Mensch wird also nie zufrieden sein, denn seine Sucht ist nie zu stillen. Allerdings kann ich, da mir Heuchelei ein Gräuel ist, auch nicht behaupten, Geld sei unwichtig, und es überrascht mich immer, wenn ich über irgendwelche bizarren wissenschaftlichen Studien stolpere, in denen die Korrelation zwischen Vermögen und Glück geleugnet wird. Die Autoren solcher Untersuchungen haben zweifellos noch nie Hunger gelitten und waren vermutlich auch nur selten richtig knapp bei Kasse. Selbstverständlich gibt es einen Zusammenhang zwischen Glück und Vermögen! Wenn man ein Buch schreibt, ist es deutlich angenehmer, das in einem hübsch möblierten Zimmer mit Aussicht auf einen pittoresken

See zu tun als in einem winzigen Kabuff mit Blick auf ein hässliches Stadtviertel, in dem man seines Lebens nicht sicher ist. Den reichen und schönen oberen Zehntausend fällt es natürlich viel leichter, Geld zu verachten, als den Angehörigen einer sozialen Randgruppe.

Ich habe nichts gegen Geld an sich, ich sage nur, wir sollten an Schopenhauer denken und nicht so tun, als wäre Geld das Einzige, was wir brauchen. Und vor allem sollten wir darauf achten, dass Geld für uns nicht zu einer Leidenschaft wird, die stärker ist als alle andere.

> *Ein gesunder Bettler ist glücklicher als ein kranker König.*
>
> Arthur Schopenhauer

GEOGRAFIESTUNDE

Auf dem sechsten Planeten begegnet der kleine Prinz einem Geografen, der, an den Schreibtisch gefesselt, seine Zeit damit zubringt, Landkarten zu zeichnen. Im Laufe der Unterhaltung zwischen den beiden beginnt der kleine Prinz, die Motivation zu hinterfragen, die hinter der Tätigkeit dieses älteren Herrn steckt – Wissensdurst oder der Wunsch nach Anerkennung.

»Der Geograf ist zu wichtig, um herumzustreunen. Er verlässt seinen Schreibtisch nicht. Aber er empfängt die Forscher.«

Der französische Moralist Jean-Jacques Rousseau bemerkte einst, kein Philosoph würde sich für irgendetwas interessieren, wenn es ihm nicht die Möglichkeit böte, damit Eindruck zu schinden. Das sagt doch einiges über Rousseau selbst aus, nicht? So manchem Akademiker, den ich kenne, ist Prestige tatsächlich weit wichtiger als sein Betätigungsfeld. Solche Menschen sind nur darauf aus, berühmt zu werden und sich wichtig zu machen, etwa indem sie ein und denselben Artikel in leicht abgewandelter Form bei diversen wissenschaftlichen Zeitschriften zur Veröffentlichung einreichen.

Natürlich sind beileibe nicht alle Wissenschaftler so gestrickt, und nur die wenigsten verhalten sich wie der Geograf. Die meisten von ihnen werden von einem echten Wissensdrang angetrieben.

Kehren wir also zurück zum kleinen Prinzen und dem gelangweilten alten Geografen, der sein Leben mit sinnlosem Herumsitzen vergeudet. Er ist wie das Kaninchen aus dem Hundert-Morgen-Wald – er weiß so viel, dass er gar nichts versteht. Der kleine Prinz informiert ihn darüber, dass es auf seinem Planeten nebst drei Vulkanen und einem Affenbrotbaum eine Rose gibt, die für den Geografen jedoch nicht von Interesse ist:

»Wir schreiben die Blumen nicht auf«, sagte der Geograf.
»Warum das? Sie sind das Schönste!«
»Weil die Blumen vergänglich sind.«
»Was heißt ›vergänglich‹«? […]
»Das heißt ›von baldigem Entschwinden bedroht‹.«

All beauty must die.

Nick Cave, *Where the Wild Roses Grow*

Tja, die schönsten Dinge im Leben sind zwangsläufig rar.

KAPITEL 3

FANTASIE

»Da wir nun als Originale geboren werden, wie kommt es dann, dass wir doch als Kopien sterben?«

Edward Young

Auf einer der zahlreichen Webseiten, die es zum Thema *Der kleine Prinz* gibt, werden die Besucher mit der Zeichnung eines Huts begrüßt und gefragt, ob sie sich davor fürchten. Wer auf »Nein« klickt, dem bleibt der Zugang zur Webseite verwehrt, denn diese Antwort zeigt, dass der Betreffende jenem Stamm fantasieloser Erwachsener angehört, dem alles erklärt werden muss.

Kinder und fantasievolle Erwachsene (oder Menschen, die das Buch *Der kleine Prinz* gelesen und verstanden haben) wissen natürlich, dass die Zeichnung keinen Hut darstellt, sondern eine Boa constrictor, die einen Elefanten verdaut, und dass man deshalb davor Angst haben sollte.

Die folgende Aussage stammt von einem der klügsten Köpfe, die die Welt je gesehen hat:

Fantasie ist wichtiger als Wissen.

Albert Einstein

LEERE DURCH LEHRE

Lewis Carroll, der Autor von *Alice im Wunderland*, war der Ansicht, Kinder seien viel klüger als Erwachsene, und der Grund dafür sei in den Schulen zu suchen. Es ist kein Zufall, dass er das englische Substantiv »lesson«, also Lektion oder Unterrichtsstunde, vom Adjektiv »less« ableitete, sprich: Je mehr Fakten wir in der Schule lernen, desto weniger sind wir in der Lage, die Welt zu bestaunen.

Die Lehre resultiert in geistiger Leere, wenn wir dadurch verlernen zu träumen, zu verstehen und so zu sein, wie wir wirklich sind. Außerdem lässt sie häufig unsere Fähigkeit, interessante Fragen zu stellen, drastisch dahinschwinden.

Ronald D. Laing bemerkte dazu sarkastisch: »Kinder geben nicht leicht ihre angeborene Vorstellungskraft, Neugier und Verträumtheit auf. Man muss sie lieben, um sie dazu zu bringen.«

Einer der Gründe, warum ich Mathematiker wurde, ist die Tatsache, dass ich selten den normalen Schulunterricht besuchte. Als Mitglied einer Spezialklasse für neugierige Kinder wurde mir der Besuch der regulären Unterrichtsstunden erlassen, und so konnte ich die Schönheit und Eleganz der Mathematik entdecken, ohne mich beim Lösen der üblichen Textaufgaben zu Tode zu langweilen.

Mal ehrlich: Welchen Schüler interessiert es schon, wie lange es dauert, eine Wanne mit drei Zuflüssen volllaufen zu lassen, während sie (aus unerfindlichen Gründen) über zwei Abflüsse entleert wird? Man muss schon ein bisschen eigen sein, um solche Probleme faszinierend zu finden. Derart praxisferne Aufgaben interessieren kein Schwein, und es ist absolut destruktiv, jemanden jahrelang mit solchen Fragestellungen zu konfrontieren, von quadratischen Gleichungen ganz zu schweigen. Kaum jemandem ist klar, dass echte Mathematik nicht das Geringste mit Rechnen zu tun hat. Echte Mathematik, das ist Schönheit und Denken.

Mathematik ist die Musik der Vernunft.

James Joseph Sylvester (britischer Mathematiker)

Marcel Proust behauptete, nur Künstler und Kinder sähen die Welt richtig. Damit wollte er sicher nicht sagen, dass wir alle Maler, Dichter oder Kindsköpfe sein sollen, vielmehr wollte er uns dazu animieren, unsere Umwelt ganz bewusst wahrzunehmen – die Wolken, die Blumen, den Wind, der uns in Gesicht bläst, den Klang von Regentropfen, den Duft von frischem Brot oder den Geschmack von in Tee getauchten Madeleines. Kinder sind diesbezüglich wahre Meister: Sie springen auf der Straße mit Vorliebe in jede Pfütze und musizieren hingebungsvoll mit Topfdeckeln. Beneidenswert.

Ich für meinen Teil bin felsenfest davon überzeugt, dass es möglich ist, bestimmte kindliche Qualitäten – die Fähigkeit zu staunen oder einen grenzenlosen Einfallsreichtum beispielsweise – nicht nur ins Erwachsenenalter hinüberzuretten, sondern sie sogar weiterzuentwickeln und um ein Vielfaches zu steigern.

Ich glaube, dass ein Grashalm nicht geringer ist als ein Tageslauf der Gestirne.

Walt Whitman

Ein Narr sieht nicht denselben Baum, den ein Weiser sieht.

William Blake

Was geschieht mit uns Erwachsenen? Sind wir gar nicht mehr in der Lage, zu staunen und das Schöne in allen Dingen zu sehen und zu bewundern? Tatsächlich kommt es mir so vor, als hätten viele Erwachsene diese Fähigkeiten eingebüßt.

Hat zum Beispiel der Anblick des von Sternen übersäten Nachthimmels nicht etwas wirklich Erhabenes? Doch er kann uns kaum je zu Begeisterungsstürmen hinreißen. Wahrscheinlich, weil man ihn einfach viel zu oft zu sehen bekommt – mancherorts ja sogar jede Nacht. Mal angenommen, wir könnten den Sternenhimmel nur einmal alle zehn Jahre sehen, wie ungeduldig würden wir dann darauf warten! Wir würden alle zu Salzsäulen erstarren vor Ehrfurcht und wie gebannt zum Himmel emporblicken, wenn es so weit ist.

DER ALTE MANN UND DER OZEAN

In *Das Unbehagen in der Kultur* (1930) berichtet Sigmund Freud von einem Freund, der ein »ozeanisches Gefühl« erlebt habe. Gemeint war Romain Rolland, der Freud dieses Gefühl 1927 in einem Brief schilderte, nachdem er *Die Zukunft einer Illusion* gelesen hatte, ein Werk Freuds, das im selben Jahr erschienen war und in dem es um den Ursprung der Religion geht, die Freud als eine reine Illusion betrachtet. Rolland verwendet den Ausdruck »ozeanisches Gefühl«, um jene Ehrfurcht zu beschreiben, die uns erfüllt, wenn uns bewusst wird, dass es etwas gibt, das unendlich ist, oder wenn uns dieses Etwas zumindest so grenzen- und uferlos erscheint wie der Ozean, in jenen Augenblicken der Glückseligkeit, in denen alles so ist, wie es sein soll. Ein ozeanisches Gefühl ist eine Mischung aus Staunen und endloser Dankbarkeit. Freud gibt zu, dass er dergleichen nie erlebt hat.

Mich überkommt ein ozeanisches Gefühl, wenn ich die Frau meines Herzens liebe, wenn ich dem *Miserere* von Allegri lausche oder wenn Arturo Benedetti Michelangeli das *Adagio* von Ravels Klavierkonzert in g-Moll spielt, wenn ich im Winter am Meer spazieren gehe und mir dann in einem Strandcafé einen Kaffee gönne, wenn ich zum x-ten Mal Tschechows Geschichte *Die Dame mit dem Hündchen* lese, wenn ich Giorgiones *Schlummernde Venus* oder Tizians *Venus von Urbino* betrachte, wenn ich verfolge, wie sich Isabelle Adjani in *Ein mörderischer Sommer* in der Badewanne räkelt, wenn ich *Eine einfache Geschichte* von Samuel Josef Agnon lese oder Merab Mamardaschwilis *Psychological Topology of the Way*, wenn ich Astor Piazzolla lausche, der den Tango *Oblivion* spielt, wenn ich in den Dolomiten bin oder im pittoresken Städtchen Urbino, oder wenn ich in Jerusalem unterwegs bin, das nach dem Babylonischen Talmud »neun von zehn Maß Schönheit bekam«, und jedes Mal, wenn ich meine Töchter umarme.

Romain Rolland bemerkte, das »ozeanische Gefühl« sei eine Art religiöse Empfindung, die mit herkömmlichen religiösen Dogmen und Zeremonien oder der Sorge um das Jenseits nicht viel zu tun habe. Ich bin der festen Überzeugung, dass unsere Fähigkeit, dieses Gefühl zu empfinden, eine Voraussetzung dafür ist, Augenblicke echter Freude zu erleben.

Sigmund Freud gab an, Rollands Brief habe ihn noch eine ganze Weile beschäftigt. Beantwortet hat er ihn erst zwei Jahre später. Es überraschte Freud, dass ein gebildeter Mensch wie Rolland überhaupt zu solch »primitiven Gefühlen« fähig war.

Womit bewiesen wäre, dass selbst so große Denker wie Freud dem falschen-Konsensus-Effekt zum Opfer fallen und ihre liebe Not damit haben, sich von der Vorstellung freizumachen, dass jeder so denkt wie sie. Er ist nicht der Einzige: Unser geschätzter Pu beispielsweise ist überzeugt, da er selbst so gerne Honig isst, müsste das auch auf die Heffalumps zutreffen.

Wir sind alle sehr unterschiedlich, und jeder lebt in seiner eigenen Welt. Ich kenne Menschen, denen Mozarts Musik nicht gefällt, Menschen, denen Geld egal ist, Menschen, die nie Erdbeeren essen, Menschen, die einem Wildfremden eine Niere spenden, Menschen, die sich vor Hühnern fürchten. Ich kenne sogar ein paar Leute, die sich kein bisschen für die Goldbachsche Vermutung oder den Großen Fermatschen Satz interessieren, was ich als Mathematiker etwas eigenartig finde.

Auch der kleine Prinz irrt mit seiner Annahme, die Grenzen seiner Fantasie würden die absolute Wahrheit widerspiegeln. Er hält das Echo, das er hört, für die Stimmen von Menschen, die seine Worte wiederholen, und bildet sich vorschnell ein wenig schmeichelhaftes Urteil über sie:

»Den Menschen fehlt es an Fantasie. Sie wiederholen, was man ihnen sagt … Zu Hause hatte ich eine Blume: Sie sprach immer zuerst.«

An anderer Stelle trifft er in der Wüste auf eine Blume, deren Bild von der Realität ebenfalls verzerrt und ziemlich weit von den Tatsachen entfernt ist. Die Gedankenwelt der Blume ist auf das beschränkt, was sie von ihrem einsamen Standort in der Wüste aus sehen kann, und das ist erwartungsgemäß nicht gerade viel. Nach den Menschen gefragt, sagt sie:

»Die Menschen? Es gibt, glaube ich, sechs oder sieben. Ich habe sie vor Jahren gesehen. Aber man weiß nie, wo sie zu finden sind. Der Wind verweht sie. Es fehlen ihnen die Wurzeln, das ist sehr übel für sie.«

Sind wir nicht alle ein bisschen wie diese Blume, die in der Wüste lebt?

> *Die Welt ist in der Tat merkwürdiger als alles, was unser rationaler Verstand erfassen kann.*
>
> Albert Einstein

Ein Afrikaner träumt von Schnee

Eines der Kriterien zur Identifikation von Genies ist wohl die Fähigkeit zu akzeptieren, dass die Grenzen unserer Vorstellungskraft nicht die Grenzen der Welt sind. Genau diese Fähigkeit bewegt Menschen dazu, über den Tellerrand hinauszublicken und ihren geistigen Horizont zu erweitern.

Der Mann und die Zeitung
(eine von John Allen Paulos und Ludwig Wittgenstein inspirierte Parabel)

An einem besonders heißen Sommertag hielt ein Mann auf der Straße an einem Kiosk und kaufte sich ein kaltes Getränk. Dabei streifte sein Blick eine Zeitung mit einer höchst erstaunlichen Überschrift. Der Mann traute seinen Augen kaum und beschloss, der Sache nachzugehen. Er kaufte ein weiteres Exemplar der Zeitung – und siehe da, die unglaubliche Überschrift stand auch hier auf der Titelseite. Der Mann las sie kopfschüttelnd, und dann erstand er kurzerhand alle 36 Exemplare der Zeitung, die der Verkäufer auf Lager hatte, und ging nach Hause, wo er sich hinsetzte und jedes einzelne überprüfte. Und nachdem er sich davon überzeugt hatte, dass der Artikel in jeder einzelnen Ausgabe der Zeitung abgedruckt war, kam er zu der Überzeugung, dass es die Wahrheit sein musste.

Wer diese wittgensteineske Anekdote zum ersten Mal hört, denkt natürlich sofort: »Wie kann man nur so dumm sein? Kein Mensch liest so viele Exemplare von ein und derselben Zeitungsausgabe, nur um sicherzugehen, dass eine Meldung stimmt.«

Doch Wittgenstein zufolge tun fast alle von uns genau das – wir hören, lesen und sehen dieselben Informationen immer wieder. Wir mögen glauben, dass sie sich unterscheiden, aber wir täuschen uns.

Genies wie Einstein, Darwin oder Freud schrieben gewissermaßen ihre eigenen »Zeitungen«, und wenngleich einige ihrer Behauptungen inzwischen widerlegt wurden, waren sie interessanter und einflussreicher als die korrekten Aussagen mittelmäßiger Menschen. Jedes dieser drei Genies dachte sich für seine »Zeitung« sogar eine eigene Sprache aus und bediente sich selbst kreierter Begriffe, um Dinge auszudrücken, auf die bis dahin noch nie jemand gekommen war.

Ein Genie ist ein Afrikaner, der von Schnee träumt.

Vladimir Nabokov

Ich finde Nabokovs Definition sowohl ansprechend als auch zutreffend. Nietzsche schlug gewissermaßen in die gleiche Kerbe, als er sagte, ein Genie sei ein Mensch, der Dinge denken kann, die bislang noch niemand gedacht hat. Viele Ausdrücke, die wir heute ganz selbstverständlich verwenden, gehen auf Genies zurück: Freud etwa prägte »das Bewusste« und »das Unbewusste«, »das Ich« und »das Es«, Darwin erdachte die »natürliche Auslese« und die »Entstehung der Arten«.

Man muss schon eine Persönlichkeit von Format sein, um neue Ideen publik zu machen, denn sie stoßen häufig auf Widerstand und bereiten den Urhebern oft erhebliche Unannehmlichkeiten. Neben der nötigen Sachkenntnis gehört also eine gehörige Portion Mut dazu, in einer bestehenden »Zeitung« einen »Artikel« in Form einer neuen These publik zu machen, und erst recht, eine ganz neue »Zeitung« zu etablieren (oder auch nur einen leicht veränderten Artikel in einer bestehenden zu veröffentlichen).

Eines der bekanntesten Beispiele dafür ist Giordano Bruno, der auf dem Campo dei Fiori in Rom auf dem Scheiterhaufen verbrannt wurde, weil er es gewagt hatte, eine Reihe vollkommen neuartiger Gedanken zu äußern. Unter anderem behauptete er, Aristoteles habe sich geirrt und die Erde sei nicht der Mittelpunkt des Universums. Bruno war überzeugt, dass das Universum gar kein Zentrum hat, was den heutigen Ansichten ziemlich nahekommt, dabei lebte er Ende des 16. Jahrhunderts!

IST ES EIN VOGEL? IST ES EINE PFEIFE?

René Magritte, ein surrealistischer Maler aus Belgien, malte eine Pfeife und schrieb darunter: »Ceci n'est pas une pipe«, also »Das ist keine Pfeife«.

Worauf wollte er hinaus? Jeder konnte sehen, dass auf dem Bild eine Pfeife war, warum also schrieb Magritte, es sei keine Pfeife?

Man muss nicht lange darüber nachdenken, um zu begreifen, dass er vollkommen recht hatte: Es handelt sich natürlich nicht um eine echte Pfeife, sondern nur um die Darstellung einer Pfeife, und das sind nun einmal zwei verschiedene Dinge.

Gleichermaßen ist die Welt, die wir sehen, nicht die »echte« Welt. Was wir »sehen«, sind bloß immer neue Abbildungen und Eindrücke von dieser Welt, die uns unsere Sinne vermitteln. Aber sie führen uns häufig in die Irre: Es fühlt sich so an, als würde die Erde stillstehen, dabei dreht sie sich im Kreis und bewegt sich zugleich mit großer Geschwindigkeit durch das All.

Unsere Augen lassen uns glauben, dass sich ein Löffel verbiegt, wenn er in ein Glas Wasser getaucht wird, oder dass Himmel und Erde am Horizont aufeinandertreffen. Beides entspricht nicht den Tatsachen. Und da unsere Sehorgane leider nicht mit Mikroskopen ausgestattet sind, sind wir auch nicht in der Lage, die Moleküle, die um uns herum durch den Raum schwirren, zu sehen und ihre systematische Anordnung zu bewundern.

Die Welt ist nur eine Leinwand für unsere Fantasie.

Henry David Thoreau

Siddhartha Gautama, besser bekannt als Buddha, verglich unsere Weltsicht mit der eines ungeschlüpften Kükens – da unsere Gedanken an unsere Sinne gekettet sind, können wir nur einen Bruchteil der Wahrheit kennen.

Sokrates sah die Sache ähnlich: Ihm zufolge wird uns die Wahrheit erst nach dem Tode enthüllt, wenn wir frei sind von der Tyrannei der Sinne.

DER ASTRONOM UND SEIN ANZUG

In *Der kleine Prinz* steht die Geschichte vom türkischen Astronomen, der im Jahr 1909 im Rahmen eines internationalen Astronomiekongresses einen wunderbaren Vortrag über einen Asteroiden hielt, dem er den Namen B-612 gab (es handelt sich dabei um jenen winzigen Stern, von dem der kleine Prinz stammt). Da der Vortragende jedoch einen Kaftan und eine farblich darauf abgestimmte Pluderhose sowie einen Fes und Schnabelschuhe trug, wurde er von den übrigen Anwesenden nicht ernst genommen. »Ein Mann in einer derart lächerlichen Aufmachung kann unmöglich Ahnung von Astronomie haben«, sagten sie, ließen ihren Kollegen einfach stehen und begaben sich in die Cafeteria.

Antoine de Saint-Exupéry fand dieses Benehmen ungehörig. Er schrieb:

So habe ich im Laufe meines Lebens mit einer Menge ernsthafter Leute zu tun gehabt. Ich bin viel mit Erwachsenen umgegangen und habe Gelegenheit gehabt, sie ganz aus der Nähe zu betrachten. Das hat meiner Meinung über sie nicht besonders gutgetan.

Aber die Anekdote um den Astronomen ist noch nicht zu Ende:

Zum Glück für den Ruf des Planeten B-612 befahl ein türkischer Diktator seinem Volk bei Todesstrafe, nur noch europäische Kleider zu tragen. Der Astronom wiederholte seinen Vortrag im Jahre 1920 in einem sehr eleganten Anzug. Und diesmal gaben sie ihm alle recht.

Obwohl er haargenau denselben Vortrag hielt wie elf Jahre zuvor, erntete er diesmal Lob und Applaus.

Das soll einer verstehen! Das Urteilsvermögen erwachsener Menschen unterliegt oft den bizarrsten Faktoren.

SCHÖNER WOHNEN

Als Erwachsene entwickeln wir eine unbändige Leidenschaft für Zahlen und andere Quantifikatoren. Besonders gern stellen wir Fragen, die mit den Worten »Wie viel« oder »Wie viele« beginnen.

Als ich vor etlichen Jahren ein Haus kaufte, erlebte ich genau das, was in *Der kleine Prinz* geschildert wird.

Die Erwachsenen, die sich nach dem Haus erkundigten, wollten nicht wissen, ob das Haus am Meer liegt oder ob es sich wie ein Zuhause anfühlt, ob es einen schönen Garten hat oder eine Terrasse, von der aus man die Sterne betrachten kann, oder ob es im Keller genügend Platz für meine Bücher gibt.

Wenn Du ein Gärtchen hast und eine Bibliothek, so wird Dir nichts fehlen.

Marcus Tullius Cicero

Stattdessen interessierten sie sich nur für Zahlen: Wie viel hat das Haus gekostet? Wie viele Zimmer hat es? Wie hoch ist der Kredit, den du dafür aufnehmen musstest? Wie viele Quadratmeter hat es? Was hat der Umbau gekostet? Wie viele Stufen muss man steigen, um bis unters Dach zu kommen? Und so weiter und so fort.

Heutzutage wird fast ausnahmslos alles numerisch quantifiziert. Man wird gefragt, wie viel man pro Monat oder Jahr verdient, wie lange man studiert hat, mit welchem Notendurchschnitt man bei bestimmten Prüfungen abgeschnitten hat, wie oft man im Vorjahr ins Ausland gereist ist oder was man für den Wein bezahlt hat.

Manche stellen es etwas geschickter an: Wenn eine Frau beispielsweise erfährt, dass die Tochter ihrer Freundin einen neuen Verehrer hat, und sie erkundigt sich, was die Eltern des jungen Mannes beruflich machen, dann ist das zwar keine Wie-viel-Frage, aber es geht trotzdem um Zahlen. Denn wie wir alle wissen, stehen Beruf und Einkommen in einem mehr oder weniger direkten Verhältnis zueinander. Was diese Frau von ihrer Freundin also wirklich wissen will, ist: »Was verdienen seine Eltern denn so?«

Die Gesellschaft redet uns ein, dass die Dinge, die man zählen kann, das Einzige sind, worauf es ankommt.

Laurence G. Boldt, *Zen and the Art of Making a Living*

Wir freilich, die wir wissen, was das Leben eigentlich ist, wir machen uns nur lustig über die albernen Zahlen!

Antoine de Saint-Exupéry, *Der kleine Prinz*

Weine als Statussymbol

Früher, als wir noch jung waren, konnten wir einfach ein Glas Wein trinken und kundtun: »Der schmeckt mir«, oder »Der schmeckt mir nicht«. Inzwischen ist alles etwas komplizierter. Heutzutage bekommt man, noch ehe man den ersten Schluck getrunken hat, von den Gastgebern zu hören, es handle sich um einen 1997er Vino Nobile di Montepulciano für sechzig Euro die Flasche. Tja, und was nun? Wer wagt nach einer solchen Ankündigung noch die Bemerkung, dass ihm der Wein nicht schmeckt? (Das war übrigens nur ein Beispiel. Montepulciano ist mein Lieblingswein, also, bitte nicht böse sein, liebe Bewohner dieses bezaubernden Städtchens!)

Ich frage mich, ob sich Beluga-Kaviar derart großer Beliebtheit erfreuen würde, wenn er nicht so horrend teuer wäre, und ob wir ein simples Glas Leitungswasser nicht deutlich mehr zu schätzen wüssten, wenn der Preis dafür in schwindelnde Höhen klettern würde.

Vor einer Weile erkundigte ich mich bei einem Spitzenkoch nach seinem Leibgericht. »Und kommen Sie mir jetzt bitte nicht mit irgendeinem exotischen Quatsch à la ›Vogelnest auf Froschschenkeln in Trüffel-Safran-Schäumchen mit einem Hauch Kandis‹, ja?«, sagte ich. Er überlegte kurz, dann sagte er: »Also, am allerliebsten esse ich eine richtig gute italienische Pizza aus hauchdünnem, knusprigem Teig. Und am zweitliebsten eine ordentliche Portion Pommes, frisch zubereitet und mit einer Prise Salz.«

Ist das zu fassen? Pizza und Fritten! Also genau das, was auch Kinder am liebsten mögen. Mir war seit jeher klar, dass Kinder ein ausgeprägtes Gespür dafür haben, was richtig und falsch ist.

Viele Erwachsene dagegen haben keine eigene Meinung, sondern orientieren sich an dem, was die Mehrheit glaubt. Sie wollen bestimmte Dinge haben, weil alle anderen sie auch wollen, und sie äußern sich lobend über ein Kunstwerk, weil der Rest der Menschheit es auch tut. Und die, die eine eigene Meinung haben, behalten sie lieber für sich, um nicht aufzufallen. Denken wir nur an die Geschichte *Des Kaisers neue Kleider*, in der alle Untertanen eifrig ihrem Herrscher zujubeln und nur ein Kind es wagt, die Dinge beim Namen zu nennen, nämlich: »Der ist ja nackt!«

Einstein bemerkte dazu, die Meinung eines Erwachsenen sei nur eine neu arrangierte Version dessen, was seine Eltern und Lehrer glaubten. Doch die Tatsache, dass das Gros einer bestimmten Ansicht ist, macht diese noch lange nicht zur Wahrheit, und ein gerechter Mensch kann eine moralische Mehrheit darstellen.

Aber wie heißt es so schön? Nur tote Fische schwimmen mit dem Strom.

Antoine de Saint-Exupéry hatte die Idealvorstellung vom »würdigen« Erwachsenen, der all das weiß, was andere Erwachsene auch wissen, und trotzdem in der Lage ist, die Welt mit den Augen eines Kindes zu betrachten. Der seine Meinung ungeniert und unerschrocken kundtut, über Unsinn lachen kann und am Strand Sandburgen baut. Der allerlei Formen in den Wolken erkennt, sich darüber wundert, dass ein so schweres Gebilde wie ein Flugzeug fliegen kann, und sich fragt, warum wir eigentlich nicht spüren, dass sich die Erde dreht. Denn nur ein Erwachsener, der die Welt noch mit Kinderaugen sieht, ist imstande, diesem Wunder, das sich Leben nennt, mit dem gebührenden ehrfürchtigen Staunen zu begegnen.

KAPITEL 4

DIE LIEBE UND DER SCHLAUE FUCHS

ANTOINE UND CONSUELO

Antoine de Saint-Exupéry nahm als junger Mann seine Arbeit als Pilot auf und wurde einer der ersten Luftpostpioniere. Er arbeitete auf der Strecke Toulouse–Dakar und verarbeitete die zahlreichen gefährlichen Abenteuer, die er erlebte, in einem Buch mit dem Titel *Nachtflug*, das 1931 erschien.

Im selben Jahr heiratete er Consuelo Suncín Sandoval Zecena, eine Malerin aus El Salvador. Es war Liebe auf den ersten Blick. Wenn man Porträts von Consuelo betrachtet, kann man sich gut vorstellen, dass sie eine sehr charmante junge Dame war, der die Männer zu Füßen lagen. Saint-Exupéry erzählte seinen Freunden später, er habe schon bei der ersten Begegnung mit ihr gewusst, dass er sie heiraten würde. Das Paar lebte in Casablanca, Paris, Buenos Aires und New York. Die Ehe war von Zärtlichkeit und großer Leidenschaft geprägt, es gab aber auch immer wieder schmerzhafte Phasen der Untreue und mehrere lange Trennungen, nach denen die beiden jedoch stets wieder zusammenfanden. Sie hielten es zwar nie lange miteinander aus, konnten aber auch nicht ohne einander leben, und sie liebten sich bis zum Schluss.

In der Nacht zum 30. Dezember 1935 stürzte Saint-Exupéry während eines Nachtflugs mit seinem Flugzeug in der Sahara ab. Er hatte den Versuch unternommen, die Strecke Paris–Saigon in Rekordzeit zu fliegen, und war zu diesem Zeitpunkt bereits zwanzig Stunden in der Luft gewesen. Er überlebte, irrte jedoch lange durch die Wüste und wurde erst am vierten Tag völlig dehydriert und halluzinierend von Beduinen gerettet.

Auf diese Ereignisse dürfte die Entstehung des poetischen Büchleins *Der kleine Prinz* zurückzuführen sein, das Saint-Exupéry 1943 verfasste. Es war zugleich ein romantisches Geschenk an seine Frau Consuelo, in dem Buch unschwer zu erkennen als die Rose, die dem kleinen Prinzen so ans Herz wächst. *Der kleine Prinz* ist gewissermaßen der einzige »Nachwuchs«, den die beiden hatten. Nachdem Saint-Exupéry am 31. Juli 1944 von einem Einsatz als Pilot im Zweiten Weltkrieg nicht zurückkehrte, schrieb Consuelo eine Erwiderung (*Die Rose des kleinen Prinzen*), die sie jedoch nie veröffentlichte. Das Manuskript wurde erst nach ihrem Tod im Jahre 1979 entdeckt und publiziert.

VON WIND UND FEUER

Eines Tages bemerkt der kleine Prinz auf seinem Planeten eine ganz besondere Blume. Bis dahin waren alle Blumen auf seinem Asteroiden von eher bescheidener Schönheit gewesen, mit nur einer Reihe Blütenblätter. Diese jedoch sieht anders aus:

Der Strauch hörte bald auf zu wachsen und begann, eine Blüte anzusetzen. Der kleine Prinz, der der Entwicklung einer riesigen Knospe beiwohnte, fühlte wohl, es müsse eine wunderbare Erscheinung aus ihr hervorgehen, aber die Blume wurde nicht fertig damit, sich in ihrer grünen Kammer auf ihre Schönheit vorzubereiten. [...] Sie wollte nicht früher erscheinen als im vollen Ornat ihrer Schönheit. Nun ja! Sie wollte gefallen. Ihre geheimnisvolle Toilette hatte also Tage und Tage gedauert. Und dann, eines Morgens, gerade zur Stunde des Sonnenaufgangs, hatte sie sich enthüllt.

Und sie, die mit solcher Genauigkeit gearbeitet hatte, sagte gähnend: »Ach! Ich bin kaum aufgewacht ... Ich bitte um Verzeihung ... ich bin noch ganz zerrauft ...«

Da konnte der kleine Prinz seine Bewunderung nicht mehr verhalten:

»Wie schön Sie sind!«

»Nicht wahr?«, antwortete sanft die Blume. »Und ich bin zugleich mit der Sonne geboren ...«

Inzwischen wissen wir ja, dass diese Rose Consuelo verkörpert, und Sie haben vermutlich bereits erraten, dass die anderen Blumen die Frauen symbolisieren, denen Saint-Exupéry vor seiner großen Liebe begegnet war. Bei der Lektüre der oben zitierten Passage drängt sich bereits der Eindruck auf, dass Bescheidenheit nicht gerade zu den Stärken der Rose gehört, was den kleinen Prinzen vor die eine oder andere Herausforderung stellt und vermutlich als Anspielung auf die turbulente Ehe des Autors verstanden werden kann. Es wird aber auch offensichtlich, dass der kleine Prinz diese neue Blume als eine Art Wunder betrachtet.

Kaum hat sie das Licht der Welt erblickt, stellt die Rose auch schon Forderungen:

»Ich glaube, es ist Zeit zum Frühstücken«, hatte sie bald hinzugefügt. »Hätten Sie die Güte, an mich zu denken?« Und völlig verwirrt hatte der kleine Prinz eine Gießkanne mit frischem Wasser geholt und die Blume begossen. So hatte sie ihn sehr bald schon mit ihrer etwas scheuen Eitelkeit gequält. [...]

»Am Abend werden Sie mich unter einen Glassturz stellen. Es ist sehr kalt bei Ihnen. [...] Da, wo ich herkomme ...«

Aber sie hatte sich unterbrochen. Sie war in Form eines Samenkorns gekommen. Sie hatte nichts von den anderen Welten wissen können. Beschämt, sich bei einer so einfältigen Lüge ertappen zu lassen, hatte sie zwei- oder dreimal gehustet, um den kleinen Prinzen ins Unrecht zu setzen.

»Der Wandschirm? ...«

»Ich wollte ihn gerade holen, aber Sie sprachen mit mir!«

Dann hatte sie sich neuerlich zu ihrem Husten gezwungen, um ihm trotzdem Gewissensbisse aufzunötigen.

So hatte der kleine Prinz trotz seiner aufrichtigen Liebe rasch an ihr zu zweifeln begonnen, ihre belanglosen Worte bitterernst genommen und war sehr unglücklich geworden.

»Ich hätte nicht auf sie hören sollen«, gestand er mir eines Tages: »Man darf den Blumen nicht zuhören. Man muss sie anschauen und einatmen. Die meine erfüllte den Planeten mit Duft, aber ich konnte seiner nicht froh werden.
[...]

Ich habe das damals nicht verstehen können! Ich hätte sie nach ihrem Tun und nicht nach ihren Worten beurteilen sollen. Sie duftete und glühte für mich. Ich hätte niemals fliehen sollen! Ich hätte hinter all den armseligen Schlichen ihre Zärtlichkeit erraten sollen. Die Blumen sind so widerspruchsvoll! Aber ich war zu jung, um sie lieben zu können.«

Eine Rose ist eine Rose ist eine Rose ist eine Rose.

Gertrude Stein

Einen Menschen lieben heißt, dass man ihn kennt und trotzdem liebt.

Victor Hugo

Ohne »trotzdem« wird eine Liebe, die auf »weil« oder »wegen« basiert, nicht allzu lange halten.

> *Jede Liebe, die von einem sinnlichen Gegenstand abhängt, hört mit ihm auf. Hängt sie aber nicht davon ab, dann hört sie niemals auf.*
>
> Sprüche der Väter

Ob bedingungslose Liebe existiert oder nicht, ist für mich eine der faszinierendsten Fragen überhaupt.

Wie dem auch sei, als die Rose im Leben des kleinen Prinzen erblüht, weiß er noch kaum etwas über die Liebe. Ihm ist nicht klar, dass sie ein Wunder ist und ihre Existenz einer besonderen Gnade gleicht. All das wird ihm erst viel später schmerzlich bewusst.

Er verlässt seine Rose kurzerhand und begibt sich auf die Reise – eine gute Gelegenheit für mich, Ihnen ein Kriterium zu präsentieren, anhand dessen sich feststellen lässt, ob uns mit einem Menschen, den wir lieben, die wahre Liebe verbindet. Ich nenne es das »Wind-und-Feuer-Kriterium«, und es funktioniert nach dem folgenden Prinzip:

Ein kleines, schwaches Feuer kann von einem Windstoß ohne Weiteres ausgelöscht werden, brennt es dagegen lichterloh, so wird der Wind es nur noch zusätzlich nähren. Je kräftiger der Wind bläst, desto höher lodern die Flammen. Ähnlich verhält es sich mit Liebe und Trennung. Wenn es keine wahre Liebe ist, so wird ihr eine lange Trennung den Garaus machen, anderenfalls wird die Trennung sie wachsen lassen und stärker machen.

Das muss auch der kleine Prinz am eigenen Leib erfahren. Die Sehnsucht nach seiner Rose raubt ihm beinahe den Verstand.

ZEHN ZITATE ÜBER DIE LIEBE

(Meine persönliche Top-Ten-Liste, wobei es eigentlich sogar 14 sind)

Ehe Sie weiterlesen, möchte ich Sie um eines bitten: Gehen Sie kurz in sich und schreiben Sie dann einen Satz nieder, der mit den Worten »Liebe ist …« beginnt.

So, jetzt können wir den Countdown starten.

10. *Glaub nie, ich hätte mein Herz an dich verloren oder deinetwegen den Kopf verloren. Ich habe nichts verloren, nur gewonnen. Ich bin in der Liebe zu dir gewachsen.*

Toni Morrison

9. *Ich trage dein Herz bei mir*
(ich trage es in meinem Herzen)

E. E. Cummings

Platz acht teilen sich zwei Dichter. Vom japanischen Dichter Matsuo Basho stammt folgendes Haiku:

8*b*. *O hellster Herbstmond.*
Nachts umrundete ich den Teich
Ein Lied suchend.

Dieses Liebeslied kommt ganz ohne die Worte aus, die wir für gewöhnlich in diesem Kontext verwenden. Gibt es ein besseres Bild für die Liebe als einen Mann, der die ganze Nacht um einen Teich spaziert? Vielleicht lässt sich die Liebe ohnehin nicht in Worte fassen, den unzähligen Worten zum Trotz, die schon darüber verloren wurden.

So hat Shakespeare versucht, das Unbeschreibliche zu beschreiben:

8a. *Nacht ist der Tag, der mir dein Bild entzieht,*
Und Tag die Nacht, die dich im Traume sieht.

William Shakespeare, Sonett 43

7. *Mir ist auf der Straße ein junger Mann begegnet, der verliebt war. Sein Hut war alt, sein Mantel abgetragen, Wasser rann durch seine Schuhe, und Sterne zogen durch seine Seele.*

Victor Hugo

6. *Liebe ist ein zitterndes Glück.*

Khalil Gibran

Der libanesische Dichter hat vermutlich recht – man kann nicht lieben, ohne zu zittern, das weiß jede Mutter, die ihre Kinder liebt und sich um sie sorgt. Die romantische Liebe zittert aus anderen Gründen, sie kann sich mit der Zeit in Luft auflösen, Eifersucht kann sie zerstören, Gewohnheit kann sie einschläfern.

5. *Liebe ist das unwiderstehliche Begehren, unwiderstehlich begehrt zu werden.*

Robert Frost

Und hier die vier Finalisten:

4. *Du weißt, dass Du verliebt bist, wenn Du nicht einschlafen kannst, weil die Realität endlich besser ist als Deine Träume.*

Dr. Seuss

Und gelingt uns doch gelegentlich ein kleines Nickerchen, öffnen wir danach die Augen und bemühen ein altes Klischee: »Du bist das Erste, an das ich denke, wenn ich morgens erwache, und das Letzte, an das ich denke, ehe ich nachts einschlafe.«

Der Sufi-Poet Rumi verfasste sogar ein Gedicht über Liebe, Schlaf und Gott:

Wenn du bei mir bist, sind wir die ganze Nacht wach.
Wenn du nicht da bist, kann ich nicht schlafen.
Lass uns den Herrn für beide Arten der Schlaflosigkeit preisen.
Und für den Unterschied zwischen ihnen.

Den dritten Platz belegen drei Zitate, die alle ungefähr in die gleiche Richtung zielen: Sie stammen von einem französischen Schriftsteller, dem wir bereits begegnet sind, von einem russischen Dichter sowie von einer klugen Vollblutblondine, die eine großartige Schauspielerin war.

3c. *Es gibt nichts Schöneres, als geliebt zu werden, geliebt um seiner selbst willen oder vielmehr: trotz seiner selbst.*

Victor Hugo

3b. *Lieben heißt einen anderen Menschen so sehen zu können, wie Gott ihn gemeint hat.*

Fjodor Dostojewski

3a. *Ich bin egoistisch, ungeduldig und ein bisschen unsicher. Ich mache Fehler, verliere die Kontrolle und bin manchmal bockig. Aber wer nicht mit mir klarkommt, wenn ich mich von meiner schlechtesten Seite zeige, hat meine besten Seiten auch nicht verdient.*

Marylin Monroe

Den zweiten Platz teilen sich ein großer Sci-Fi-Autor und eine weitere berühmte Schauspielerin – eine bildhübsche Frau, die die tiefgründige Aussage des Romanschriftstellers noch etwas konkretisiert:

2b. *Liebe ist ein Zustand, in dem das Glück eines anderen essenziell für dich selbst ist.*

Robert A. Heinlein

Und hier die neue, noch verbesserte Variante:

2*a*. *Du weißt, dass es Liebe ist,*
wenn du einfach nur willst, dass der andere
glücklich ist, selbst dann, wenn du selbst
nicht Teil dieses Glücks bist.

Julia Roberts

Damit hat die Pretty Woman par excellence natürlich absolut recht, wenngleich uns eine solche Liebe vor schier unlösbare Probleme stellen dürfte.

Und nun kommen wir zu dem Zitat, das für mich die absolute Nummer eins ist. Es stammt von meinem Lieblingsautor Tolstoi, genauer gesagt aus seinem Roman *Anna Karenina*, von dem Oswald Spengler sagte, es sei nicht nur der beste Roman, der je geschrieben wurde, sondern auch der beste, der je geschrieben werden könne. In ihm schreibt Tolstoi:

Ljewin war nun fast drei Monate verheiratet. Er war glücklich, aber in ganz anderer Weise, als er es erwartet hatte. Auf Schritt und Tritt begegnete ihm bald eine Enttäuschung gegenüber seinen früheren Träumereien, bald ein neues, unerwartetes Entzücken.

Eines Tages kommt Ljewin eine halbe Stunde später als geplant nach Hause – er hatte sich verirrt, weil er einen anderen Weg als sonst hatte nehmen wollen.

Auf dem Heimwege dachte er nur an sie, an ihre Liebe, an sein Glück, und je näher er seinem Hause kam, um so heißer wurde seine zärtliche Sehnsucht nach ihr.

Seine Frau Kitty jedoch empfängt ihn ausgesprochen kühl – sie ist eifersüchtig und macht ihm eine Szene. Aber nach diesem allerersten Streit mit seiner Ehefrau wird Ljewin etwas Wichtiges bewusst:

1. *Er verstand, dass sie ihm nicht nur nahestand, sondern dass er jetzt nicht mehr wusste, wo sie aufhörte und er anfing.*

Das ist für mich das ultimative Zitat zum Thema Liebe, und es würde kein bisschen von seiner Schönheit und Tiefgründigkeit einbüßen, wenn man es auf eine kitschige Valentinstagskarte drucken würde.

DER KLEINE PRINZ IM ROSENGARTEN

Auf seiner Reise durch das Universum erreicht der kleine Prinz schließlich die Erde. Dort macht er eine höchst verstörende Entdeckung, nämlich einen Garten voller Rosen, dabei hat seine Rose ihn glauben lassen, dass sie ein Unikat ist. Sie hat so getan, als sei sie die Einzige und damit Schönste ihrer Art im ganzen Universum. Und nun stößt der kleine Prinz auf fünftausend weitere Rosen, und das in einem einzigen Garten!

Sie wäre sehr böse, wenn sie das sähe, sagte er zu sich, sie würde fürchterlich husten und so tun, als stürbe sie, um der Lächerlichkeit zu entgehen. Und ich müsste wohl so tun, als pflegte ich sie, denn sonst ließe sie sich wirklich sterben, um auch mich zu beschämen ...

Darauf sagte er sich noch: Ich glaubte, ich sei reich durch eine einzigartige Blume, und ich besitze nur eine gewöhnliche Rose [...] Und er warf sich ins Gras und weinte.

Die erste Liebe hat etwas Magisches, denn wenn wir uns das erste Mal verlieben, sind wir überzeugt, es müsse auch das letzte Mal sein. Und wir sind überzeugt, dass der Mensch, den wir lieben, der einzige auf der ganzen Welt ist, der so toll ist und so viele wunderbare Eigenschaften hat.

Wenn wir uns dann zum zweiten Mal verlieben, finden wir das alles schon deutlich weniger aufregend, weil uns bewusst ist, dass wir all diese Gefühle schon einmal hatten, und trotzdem war es irgendwann vorbei. Wie können wir da sicher sein, dass es diesmal anders laufen wird? Tja, das können wir nicht. Und spätestens ab dem dritten oder vierten Mal stellen wir uns diese Frage nicht mehr, weil wir wissen, dass eine Liebe auf einen Schlag vorbei sein kann. Das ist sehr traurig, aber es ist nun einmal eine Tatsache.

Der Philosoph Alain de Botton sagte einmal, es sei nicht ausgeschlossen, dass uns die Liebe unseres Lebens erst kurz vor unserem Tod begegnet, womöglich sogar erst an dem Tag, an dem wir die Erde für immer verlassen. Und woher wissen wir, dass wir die Liebe unseres Lebens vor uns haben? Jeder, der schon einmal geliebt hat, weiß, dass man sich genauso schlagartig ver- wie entlieben, und dass einem jederzeit eine neue Liebe begegnen kann. Falls Sie übrigens Tschechows Erzählung *Die Dame mit dem Hündchen* noch nicht gelesen haben sollten, rate ich Ihnen dringend, das baldmöglichst nachzuholen.

Wir haben den kleinen Prinzen vorhin im Rosengarten zurückgelassen, wo er im Gras lag und weinte. Er versteht nicht, was das Besondere an seiner Rose war; was dazu führte, dass er sie so sehr geliebt hat. Die Frage, deren Antwort er sucht, ist eine, die nie an Aktualität verliert, nämlich: Was ist Liebe?

Existiert die Liebe überhaupt? Vielleicht könnte man ja in Anlehnung an François de La Rochefoucauld sagen, die Liebe sei wie die Gespenster in alten englischen Schlössern – jeder redet darüber, aber selbst gesehen hat sie noch keiner.

So, dann wollen wir dem kleinen Prinzen mal etwas auf die Sprünge helfen.

DIE BESSERE HÄLFTE

Platon schildert in seinem Werk *Symposion* ein fiktives Zusammentreffen mehrerer weiser Männer, bei dem die ewige Frage »Was ist Liebe?« erörtert wird. Jeder der Teilnehmer präsentiert in einer Ansprache seine Ansichten zu diesem Thema. Mir gefällt am besten die Rede des Aristophanes, eines Zeitgenossen von Sokrates, wobei sich die beiden nicht sonderlich gut leiden konnten. Aristophanes war von Beruf Komödiendichter, und falls Sie gern ins Theater gehen, seien Ihnen die Stücke *Lysistrata, Die Frösche, Die Wolken* und *Die Vögel* empfohlen.

Aristophanes äußert eine ausgesprochen interessante Idee: Noch vor nicht allzu langer Zeit sei die Erde von sogenannten Kugelmenschen bevölkert gewesen, die jeweils aus zwei Hälften bestanden. Manche dieser Wesen seien rein männlich gewesen, andere rein weiblich, wieder andere hätten aus einer männlichen und einer weiblichen Hälfte bestanden – somit habe es nicht zwei, sondern drei Geschlechter gegeben. Seiner Darstellung nach hatten diese Geschöpfe, nachdem sie eine Weile glücklich und zufrieden auf der Erde gelebt hatten, aus reinem Übermut beschlossen, gegen die Götter zu rebellieren. Mit ihrem Aufstand erregten sie natürlich den Unmut des Göttervaters Zeus, der sie zur Strafe zunächst alle töten wollte. Allerdings war ihm bewusst, dass ein Gott nur existieren kann, wenn es auch Menschen gibt, die an ihn glauben, also entwickelte er einen Plan B: Er schlug die Kugelmenschen mit einer Axt entzwei und verteilte ihre Hälften über den gesamen Erdball.

Zugegeben, die Geschichte klingt ziemlich absurd, aber sie könnte uns auch eine Erklärung dafür liefern, warum wir uns verlieben: Wir sehnen uns nach der Wiedervereinigung mit unserer mythologischen zweiten Hälfte, und wir bringen unser ganzes Leben damit zu, nach ihr zu suchen. Aus diesem Mythos ließe sich auch der Ursprung der Homosexualität ableiten, und er würde die unter Wissenschaftlern mittlerweile weit verbreitete Ansicht untermauern, dass unsere sexuellen Tendenzen im Grunde angeboren sind.

Wie stehen nun die Chancen, diese zweite Hälfte aufzustöbern? Zählen Sie sich womöglich zu den Glücklichen, die bereits fündig geworden sind? Und falls ja: Woran machen Sie das fest?

Aristophanes liefert uns die Antwort: Stellen Sie sich vor, eine wundersame Fügung des Schicksals führt Sie und Ihren aktuellen Partner mit Hephaistos, dem Gott des Feuers und der Schmiede, zusammen, der Ihnen anbietet, Sie zusammenzuschweißen, damit Sie künftig wieder miteinander verbunden sind, und diesmal bis in alle Ewigkeit. Wie würden Sie auf diesen Vorschlag reagieren? Falls Sie zögern oder sogar rundheraus ablehnen, ist Ihr Partner nicht Ihre ehedem verloren gegangene zweite Hälfte. Machen Sie dagegen bei der Vorstellung vor Freude einen Luftsprung, so können Sie sicher sein, dass es sich um Ihr fehlendes Alter Ego handelt.

Aber welches Paar kann diese Bedingung schon erfüllen? Mal angenommen, einer der beiden hätte ganz gern die Möglichkeit, auch mal einen Abend mit seinen Freunden zu verbringen, ohne den geliebten Partner, dann war's das.

Der kleine Prinz hatte anfangs keine Ahnung, dass die Rose seine zweite Hälfte war.

Antoine und Consuelo dagegen scheinen gespürt zu haben, dass sie zusammengehören, und dennoch gelang es ihnen nicht, auf Dauer das Leben miteinander zu teilen.

Tja, mein Großvater hat immer gesagt: »Perfekte Paare gibt es nur im Schuhgeschäft.«

DANTE, BEATRICE, PAOLO UND FRANCESCA

Der großartige italienische Dichter Dante Alighieri beendete seine *Göttliche Komödie* mit den folgenden Worten:

L'amor che muove il sole e l'altre stelle.

Ich habe diese Worte bewusst nicht übersetzt, weil Italienisch für mich die schönste Sprache der Welt ist und weil man des Italienischen sehr oft gar nicht mächtig sein muss, um es zu verstehen. Versuchen Sie doch mal, zu erraten, was dieser Satz bedeutet.

Hier kommt die Auflösung:

Die Liebe, die kreisen macht die Sonne und die Sterne.

Auf Jiddisch sagt man: Die Liebe regiert zwar nicht die Welt, aber sie verleiht dem Umstand, dass sie sich dreht, einen Sinn.

Dante verehrte seit seinem neunten Lebensjahr eine Frau namens Beatrice, und das, obwohl er ihr laut seinem Jugendwerk *Vita Nuova* nur zwei Mal begegnet war und zwischen diesen beiden Begegnungen angeblich neun Jahre lagen. Beatrice war – genau wie Dante übrigens – verheiratet, und als sie im Alter von nur Mitte zwanzig starb, tat das Dantes Liebe zu ihr keinen Abbruch.

Bei der Schilderung seiner zweiten Begegnung mit ihr erwähnt er, dass er vor Freude und Aufregung beinahe starb, als sie ihn grüßte. Und diese Gefühle ließen den Dichter zu einer wichtigen Erkenntnis kommen, nämlich, dass die romantischste Liebe von allen die unerfüllte ist, denn die Wirklichkeit kann sich niemals mit der Fantasie messen.

Besonders bewegt hat mich der fünfte Gesang der *Göttlichen Komödie,* in dem der zweite Kreis der Hölle beschrieben wird. Dort trifft Dante auf Francesca da Rimini, die ihm erzählt, sie sei von ihrem Ehemann wegen Ehebruchs mit dessen Bruder Paolo getötet worden. (Diese Episode beruht übrigens auf einer wahren Geschichte: Francesca war eine Zeitgenossin Dantes.) Während Dante sich auf den Weg in den Himmel macht, wo er Beatrice wiedersehen wird, sind Francesca und Paolo dazu verdammt, in der Hölle zu bleiben, wo ihre Seelen von einem schrecklichen Sturm unablässig umhergejagt werden. Trotzdem beneidet Dante die beiden – seiner Darstellung nach ist es erstrebenswerter, gemeinsam mit dem Menschen, den wir lieben, in der Hölle zu schmoren, als im Himmel bei jemandem zu sein, der einen nicht liebt und auch nie lieben wird.

> *Was ist die Hölle? Ich behaupte: die Unfähigkeit zu lieben.*
>
> Fjodor Dostojewski

Interessant: Die Hölle ist also nicht, wenn uns keiner liebt, sondern wenn wir nicht in der Lage sind zu lieben.

WAS IST LIEBE?

»What is Love?« So lautet eine der häufigsten Suchanfragen bei Google. Das macht mich sehr glücklich. Offenbar haben die Menschen die Suche nach der Liebe noch nicht aufgegeben. Außerdem finde ich es faszinierend, dass die Menschen allem Anschein nach noch immer nicht ganz sicher sind, was Liebe ist. Und das, obwohl sie Gegenstand unzähliger Filme, Lieder und Gedichte, Sagen, Legenden und Philosophien und sogar Schrifttafeln ist. Wie es aussieht, ist die Suche nach der Liebe für uns von absoluter Wichtigkeit.

Die folgende Definition der Liebe geht auf die französische Philosophin Simone Weil zurück:

Unter den menschlichen Wesen erkennt man nur denjenigen eine volle Existenz zu, die man liebt. [...] An die Existenz anderer menschlicher Wesen als solche zu glauben, ist Liebe.

Um einen Menschen lieben zu können, müssen wir uns also bewusst machen, dass er existiert, uns mit ihm freuen, wenn er glücklich ist, und mit ihm leiden oder ihn zumindest bedauern, wenn er traurig ist.

> *Liebe ist die beunruhigende Erkenntnis, dass außer einem selbst auch noch etwas anderes real ist.*
>
> Iris Murdoch

Wie es aussieht, gibt es nur eine Kraft, die den pathologischen Egoismus überwinden kann, vor dem keiner von uns gefeit ist, nämlich die Kraft der Liebe, insbesondere der erotischen Liebe. Einen Menschen zu lieben, bedeutet, den Rest des Lebens mit ihm leben zu wollen.

Einen Menschen lieben heißt, einwilligen, mit ihm alt zu werden.

Albert Camus

Komm, werde mit mir alt!
Das Beste kommt schon bald,
der letzte Teil des Lebens,
für den der erste war gemacht:
Denn unsre Zeit ist ja in seiner Hand,
der sagt: »Ich hab ein Ganzes wohl geplant,
die Jugend zeigt die Hälfte nur,
vertraue Gott: Sieh alles,
und von Angst bleibt keine Spur!«

Robert Browning

EINE CHINESISCHE FABEL UND EINE KLEINE HAUSAUFGABE

In *Cinema Paradiso*, einem italienischen Film von Giuseppe Tornatore, erzählt der alte Alfred einem gewissen Salvatore eine alte Legende. Hier meine Version der Legende, gefolgt von einer kleinen Denkaufgabe.

Der Soldat und die Prinzessin

Eines Tages passierte die Prinzessin Sun-Lu, die für ihre Schönheit weithin bekannt war, in ihrer Kutsche einen einfachen chinesischen Soldaten. Kaum hatte er sie erblickt, war es auch schon um ihn geschehen – er verliebte sich unsterblich in sie. Doch was kann ein einfacher Soldat schon machen, wenn er sich in eine Prinzessin verliebt? Seine Chancen bei ihr sind gleich null. Aber wenn man jemanden wirklich liebt, ist man zu außergewöhnlichen Leistungen fähig. Der Soldat beschloss, zum Königspalast zu gehen und ihr bei nächster Gelegenheit seine tiefe Liebe zu gestehen.

Tags darauf machte er sich also auf den Weg und wartete am Fuße der großen Treppe, die zum Palast hinaufführte. Und als die Prinzessin erschien und mit anmutigen Bewegungen über die Treppe auf ihn zukam, warf er sich auf den Boden und offenbarte ihr seine Gefühle. Ihre Leibwächter stürzten sich sogleich auf ihn, doch ehe sie ihn enthaupten konnten, sagte die Prinzessin mit dem Anflug eines Lächelns: »Nun gut, da du mich so sehr begehrst, werde ich dich erhören – unter einer Bedingung: Du musst hundert Tage und hundert Nächte unter meinem Fenster ausharren. Wenn du das tust, will ich die Deine sein.«

Ihre gesamte Gefolgschaft und ihre Leibwächter begannen schallend zu lachen, als sie die schlaue Antwort der schönen Prinzessin vernahmen, doch der Soldat verzog keine Miene. »Einverstanden«, sagte er und begab sich schnurstracks in den Garten. Er postierte sich unter ihrem Fenster, und dort stand er dann, Tag für Tag, Nacht für Nacht, obwohl die glühende Sonnenhitze ihm das Gesicht verbrannte und Regengüsse ihn bis auf die Haut durchnässten, sodass er zitterte vor Kälte. Der Prinzessin galt morgens, wenn er erwachte, sein erster Gedanke und nachts, ehe er einschlief, sein letzter. So ging das einen Monat, zwei Monate, drei Monate ... Er trank das Wasser und aß die Speisen, die ihm freundliche Menschen gelegentlich vorbeibrachten, und war gegen Ende vollkommen erschöpft und ausgezehrt, aber er gab nicht auf. Seine große Liebe zur Prinzessin ließ ihn durchhalten bis zur vorletzten Nacht.

Und dann, am allerletzten Tag – nur ein paar Stunden, ehe die Prinzessin die Seine werden sollte –, blickte er ein letztes Mal hinauf zu ihrem Fenster, drehte sich um und verschwand auf Nimmerwiedersehen.

Hausaufgabe

Frage: Warum verließ der Soldat seinen Posten so kurz bevor sein Wunsch in Erfüllung gehen sollte?
Tipp: Mehrfachnennungen sind möglich.

Das Geheimnis des Fuchses

In diesem Augenblick erschien der Fuchs. [...]
»Komm und spiel mit mir«, schlug ihm der kleine Prinz vor. »Ich bin so traurig ...«

»Ich kann nicht mit dir spielen«, sagte der Fuchs. »Ich bin noch nicht gezähmt.« [...]

»Was heißt ›zähmen‹?«

»Zähmen, das ist eine in Vergessenheit geratene Sache«, sagte der Fuchs. »Es bedeutet sich ›vertraut machen‹.«

»Vertraut machen?«

»Gewiss«, sagte der Fuchs. »Noch bist du für mich nichts als ein kleiner Junge, der hunderttausend kleinen Jungen völlig gleicht. Ich brauche dich nicht, und du brauchst mich ebenso wenig. Ich bin für dich nur ein Fuchs, der hunderttausend Füchsen gleicht. Aber wenn du mich zähmst, werden wir einander brauchen. Du wirst für mich einzig sein in der Welt. Ich werde für dich einzig sein in der Welt ...«

»Ich beginne zu verstehen«, sagte der kleine Prinz. »Es gibt eine Blume ... ich glaube, die hat mich gezähmt ...«

Der kleine Prinz beginnt also zu begreifen, worauf der Fuchs hinauswill. Man beachte die Verwendung des Wortes zähmen – ein langwieriger, zeitaufwendiger Prozess, der Training, Rituale und Vertrauen erfordert. Der Fuchs erklärt dem kleinen Prinzen auch, dass wir nur einen Menschen, den wir gezähmt haben, wirklich kennen und dass umgekehrt die einzigen Menschen, die uns wirklich kennen, diejenigen sind, die uns gezähmt haben. Spätestens da wird dem kleinen Prinzen bewusst, dass seine Rose tatsächlich einzigartig ist, ein Unikat – für ihn.

Der Fuchs schickt ihn noch einmal in den Rosengarten und verspricht, ihm bei seiner Rückkehr ein Geheimnis anzuvertrauen. Und als der kleine Prinz erneut im Rosengarten steht, wird ihm klar, was der Fuchs ihm beibringen wollte: dass die Rosen in diesem Garten ganz anders sind als seine Rose – sie sind alle schön, aber sie bedeuten ihm nichts. Er begreift auch, dass seine Rose anderen Menschen, die sie nicht kennen, nichts bedeutet. Für den kleinen Prinzen dagegen ist sie etwas ganz Besonderes, denn er hat sie gegossen und mithilfe einer Glasglocke und eines Wandschirms beschützt, hat die Raupen vertrieben, die ihre schönen Blätter anknabbern wollten, und ihr stets aufmerksam zugehört, egal ob sie prahlte oder sich beschwerte, ja, selbst wenn sie schwieg. Er hat ihre Schönheit gepriesen und ihren Duft bewundert, und er war zur Stelle, wenn sie nach einem Frühstück verlangte. »Aber in sich selbst ist sie wichtiger als ihr alle [...] da es meine Rose ist«, sagt er zu ihren Artgenossinnen.

Als er zum Fuchs zurückkommt, hat dieser noch eine weitere wichtige Lektion für ihn auf Lager: »Du bist zeitlebens für das verantwortlich, was du dir vertraut gemacht hast.«

Jemanden zu lieben, bedeutet, den betreffenden Menschen zu zähmen und sich von ihm oder ihr ebenfalls zähmen zu lassen. Dazu gehören unter anderem tägliche Rituale wie der gemeinsame morgendliche Genuss einer Tasse Kaffee, der genau so zubereitet wurde, wie wir ihn gern trinken, oder die gemeinsame abendliche Lektüre eines Buchs. Auch das Vertrauen, das sich über die Jahre entwickelt, gehört dazu. Einen Menschen zu lieben, bedeutet, dass man weiß, wie sein Haar duftet oder wie sein Kissen riecht, wenn er morgens als Erster zur Arbeit gefahren ist. Es bedeutet, dass man dieselbe Melodie pfeift, obwohl man sich in verschiedenen Räumen befindet. Es bedeutet, dass man die Welt durch seine Augen sehen will. Es bedeutet, dass er für uns der Einzige auf der ganzen Welt ist und umgekehrt.

Möglicherweise ist das, was wir erleben, wenn wir lieben, der Normalzustand. Verliebt zu sein zeigt uns, wie wir sein sollen.

Anton Tschechow

Der kleine Prinz liebt die Rose sehr, aber wie so oft in solchen Fällen gibt es auf beiden Seiten viele Missverständnisse. Erst auf der Erde gelangt er zu der gleichen profunden Einsicht wie Oscar Wilde, nämlich dass man Frauen (beziehungsweise Blumen) einfach lieben sollte, ohne sie verstehen zu wollen.

Ehe der kleine Prinz den Fuchs verlässt, gibt ihm dieser noch ein weiteres simples, aber überaus wichtiges Geheimnis mit auf den Weg:

Man sieht nur mit dem Herzen gut.
Das Wesentliche ist für die Augen unsichtbar.

KAPITEL 5

AUF DER SUCHE NACH DER VERLORENEN ZEIT

Die Zeit ist für den menschlichen Verstand nur sehr schwer fassbar. Schon der Heilige Augustinus von Hippo bekannte im elften Buch seiner *Confessiones*: »Was also ist die Zeit? Wenn niemand mich danach fragt, weiß ich's, will ich's aber einem Fragenden erklären, weiß ich's nicht.«

Sicher ist: Jedes Ereignis unseres Lebens ist in einen zeitlichen Kontext eingebettet. Mit unserer Geburt beginnt der Countdown, der unablässig die Zeit herunterzählt, die uns noch bleibt – bis wir das Zeitliche segnen, wie es so schön heißt.

Ich saß einmal in einem Vortrag, der mit dem Hinweis endete, dass nun für uns alle der Tod neunzig Minuten näher gerückt sei. Die Leute im Publikum gluckten, was den Referenten zu der gereizten Bemerkung veranlasste, das sei doch eigentlich recht betrüblich. Dass die Zeit fortwährend verstreicht, ist allerdings eine traurige Tatsache – und eine, an der keiner von uns etwas zu ändern vermag.

GEDÄCHTNISÜBUNG

Unser Begriff von Zeit ist sehr eng mit dem der Erinnerung verknüpft. Ist Erinnerung von Bedeutung, wenn die Zeit nicht existiert? Und welche Bedeutung kommt der Zeit ohne Erinnerung zu?

Ohne jeglichen Zeitbezug ist ein Gespräch über Erinnerungen kaum möglich. Was auch immer wir erleben, wird unmittelbar danach in eine Erinnerung verwandelt. Bis ich am Klavier beim zweiten Takt einer Sonate von Scarlatti angelangt bin, ist die Erinnerung an den ersten längst in mein Gedächtnis eingegangen. Unser Gehirn speichert jede einzelne der Erfahrungen, die wir machen, ab. Die ersten Schneeflocken, die ich je vom Himmel schweben sah, die Biene, die mich in der ersten Klasse stach, all die Leute, die ich umarmt habe und von denen ich umarmt wurde, die Geburt meiner Kinder, der Sommerurlaub an der Amalfiküste, der fünfzigste Hochzeitstag meiner Eltern, diverse Kriegserfahrungen, der Moment, in dem ich meine Frau zum allerersten Mal sah – all das ist immer noch da, sicher verwahrt in meinem Gedächtnis.

Man könnte unser Gedächtnis mit einem Haus vergleichen, in dem einige Bewohner beschlossen haben, im Keller zu leben. Soll heißen, unser Verstand ist nicht in der Lage, jede einzelne Erfahrung, die wir je gemacht haben, auf Knopfdruck abzurufen – wobei wir uns ohnehin nicht an alle erinnern wollen. Im Gegenteil, jeder Mensch hat Erfahrungen gemacht, auf die er gut hätte verzichten können, und so manche davon würde er am liebsten aus seinem Gedächtnis verbannen. Leider können wir unser Erinnerungsvermögen nicht dahingehend steuern, dass es Erlebtes nach Belieben abruft oder vergisst. Wie es scheint, macht unser Gedächtnis, was es will.

Wie erzieht man das Gedächtnis dazu, Dinge zu vergessen?

Stanisław Lec

Der klassischen Physik zufolge ist der Fluss der Zeit konstant, aber wir wissen, dass das nicht stimmt. Als wir noch Kinder waren, kroch die Zeit im Schneckentempo dahin. Im Teenageralter haben wir dann zum ersten Mal registriert, dass sie schneller vergeht, und seither hat sich das Temop kontinuierlich gesteigert. Nun, da ich auf die sechzig zugehe, verfliegt die Zeit geradezu beängstigend rasch. Man schnipst einmal mit den Fingern, und schon sind wieder ein paar Tage, wenn nicht gar Wochen rum. Schopenhauer bemerkte zu Recht, vom Standpunkt der Jungend aus gesehen sei das Leben eine endlose Zukunft, vom Standpunkt des Alters aus dagegen eine kurze Vergangenheit.

Selbstverständlich ist Zeit relativ – Augenblicke des Glücks statten uns zumeist nur eine kurze Stippvisite ab, während sich Phasen des Kummers bisweilen dauerhaft in unserem Gedächtnishaus einnisten, wo sie sich zu diversen anderen ungebetenen Gästen gesellen und partout nicht mehr ausziehen wollen. Ist alles eitel Sonnenschein, können wir noch so oft jubeln: »Ja! Wunderbar! Haltet die Zeit an!«, doch unser Wunsch verhallt ungehört, die Zeit verstreicht unerbittlich, und wir können sie nicht anhalten, nicht einmal eine Millisekunde lang.

Manche Geschichten oder Anekdoten, die uns bei der ersten Lektüre vielleicht amüsiert haben mögen, bekommen beim nochmaligen Lesen bisweilen einen tieferen, ernsteren Sinn. Zum Beispiel die folgende Szene aus *Alice hinter den Spiegeln*:

> *»Wären Sie – so gut«, keuchte Alice, nachdem sie noch eine Weile gelaufen waren, »eine Minute anzuhalten – nur um – wieder zu Atem zu kommen?«*
> *»So gut wäre ich wohl«, sagte der König, »nur bin ich nicht stark genug dazu. Weißt du, eine Minute geht so furchtbar rasch vorüber. Da könntest du ebensogut einen Schnetzerbend anhalten wollen.«*
>
> Lewis Carroll, *Alice hinter den Spiegeln*

Jeder weiß, was mit »eine Minute anhalten« normalerweise gemeint ist, doch der König versteht den Satz anders, nämlich wortwörtlich statt im übertragenen Sinne.

In der Tat ist es unmöglich, die Zeit anzuhalten, sei es nun für eine Minute, eine Sekunde oder eine Hundertstel- oder Tausendstelsekunde. Sie fließt ohne Unterlass dahin – und zwar in die falsche Richtung. Alles vergeht. Aber das kann auch sein Gutes haben.

So ist es in Notlagen oder Situationen, die nur schwer zu ertragen sind, doch ein Segen zu wissen, dass die Zeit vergeht. Dieser Gedanke gibt uns neue Kraft und befähigt uns, mit Problemen fertigzuwerden, die wir sonst nicht bewältigen könnten. Somit wären wir also auf eine weitere fundamentale Wahrheit gestoßen: Die Zeit ist unser schlimmster Feind und zugleich unser bester Freund.

Dazu passend kann ich die folgende alte Fabel aus dem Nahen Osten zum Besten geben:

Es war einmal ein weiser, großzügiger und bescheidener König. Eines Tages trug er seinen Beratern auf, sich auf die Suche nach dem klügsten Ausspruch auf der ganzen Welt zu machen. Es sollte ein Ausspruch sein, der so weise war, dass er auf jede Situation passte, ihn aufheiterte, wenn er traurig war, und ihn nachdenklich stimmte, wenn er übermütig wurde. Der König wollte sich den Satz in seinen Ring gravieren lassen.

Seine Berater dachten drei Tage und drei Nächte lang darüber nach, dann gingen sie zum König und präsentierten ihm einen ausgesprochen klugen und allgemeingültigen Satz: Auch das wird vorübergehen.

Und der König ließ ihn sich in seinen Ring gravieren.

ZEITVERSCHWENDUNG?

Sie wissen bereits, dass ich mir und meinem Geist gelegentlich etwas Muße gönne, indem ich eine Weile nichts tue. Und wie erwähnt gibt es Menschen, die das partout nicht nachvollziehen können und mir vorwerfen, ich würde meine Zeit vergeuden, sprich, ungenutzt verstreichen lassen, worauf ich wie gesagt immer entgegne, dass die Zeit ohnehin verstreiche, ob ich sie nun sinnvoll nutze oder nicht.

Dieser betrübliche Umstand spiegelt sich auch in dem folgenden Dialog zwischen Alice und dem verrückten Hutmacher:

> *Alice seufzte verstimmt. »Ich dächte, ihr könntet die Zeit besser anwenden«, sagte sie, »als mit Rätseln, die keine Auflösung haben.«*
> *»Wenn du die Zeit so gut kenntest wie ich«, sagte der Hutmacher, »würdest du nicht davon reden, wie wir sie anwenden, sondern wie sie uns anwendet.«*
>
> Lewis Carroll, *Alice im Wunderland*

> *Wir verschwenden nur dann wirklich Zeit, wenn wir Dinge tun, die wir nicht tun müssten und die uns keinen Spaß machen.*
>
> Das Shapira-Gefen-Prinzip

Haben Sie je von einem Menschen gehört, der sich Zeit für später aufhebt? Selbst der fleißigste Mann der Welt – der kurz oder lang garantiert auch der reichste der Welt sein wird –, könnte nicht einfach in eine Schweizer Bank marschieren, einen geheimen Safe öffnen und ihm zehn

Jahre entnehmen, die er zu einem früheren Zeitpunkt aufgespart hat.

All meinen Besitz für einen Augenblick Zeit.

Königin Elisabeth I. auf dem Sterbebett

Wir verschwenden andauernd Zeit, aber es wäre irreführend zu behaupten, dass sie vergeht. Im Gegenteil: Die Zeit wird es immer geben; wir sind es, die vergehen.

Die Zeit vergeht, sagt ihr? Nein, nein!
Die Zeit, sie bleibt; wir gehen.

Austin Dobson, »Das Paradoxon der Zeit« (1886)

Warum sind die Menschen stets so in Eile? Wozu diese Hektik? Der russische Liedermacher Wladimir Wyssozki, der schon zu Lebzeiten berühmt war und die russische Kultur nachhaltig geprägt hat, schreibt in einem seiner Songs, bei der Begegnung mit Gott sei jeder von uns pünktlich.

Und tatsächlich gibt es keinen Grund zur Eile: Bis jetzt ist noch kein Mensch je zu spät an der Himmelspforte angelangt.

DER SINN DES LEBENS

Eines Morgens (es war zufällig der erste April) musste ich, genau wie der bereits zitierte israelische Dichter David Avidan, feststellen, dass kein Morgen in mir erwacht war. Dummerweise wurde mir das erst bewusst, als ich mich bereits auf dem Weg zur Universität befand, wo ich eine Psychologievorlesung halten sollte. Ich hasse es, zu unterrichten, wenn ich nicht ganz auf der Höhe bin, also überlegte ich hin und her, wie ich mich am besten aus der Affäre ziehen konnte. Obwohl ich noch ziemlich müde war, kam mir schließlich eine glänzende Idee: Ich würde meine Studenten zur Feier des Tages mit einem Test überraschen, und zwar in der Form eines Aufsatzes zu einem für sie zweifellos überraschenden Thema. Also marschierte ich in die Klasse und schrieb an die Tafel:

ÜBERRASCHUNGSTEST – VERFASSEN SIE EINEN KURZEN TEXT ZUM THEMA »DER SINN DES LEBENS«

Dann setzte ich mich erleichtert auf meinen Platz. Wenn das mal keine elegante Lösung für mein Problem war!

Während ich nach meiner Tasche griff, um ihr die Zeitung zu entnehmen, registrierte ich, dass meine Studenten seltsame Geräusche von sich gaben. Konfrontiert man die Ärmsten mit dem magischen Satz »Die Note geht zu dreißig Prozent in die Endnote ein«, so erinnern sie sich in ihrer blinden Panik plötzlich kaum noch an den eigenen Namen, geschweige denn an das Datum. Einige rutschten nervös auf ihren Plätzen hin und her, andere klopften mit ihren Kugelschreibern auf den Tisch, manche starrten planlos an die Decke, als erhofften sie sich Inspiration von dort oben. Schließlich sprang einer der Anwesenden auf und platzte heraus: »Sie können von uns keinen Aufsatz über den Sinn des Lebens verlangen! Darauf sind wir nicht vorbereitet, und außerdem ist das Thema für den Kurs irrelevant!«

Ist das zu fassen? Nicht darauf vorbereitet! Irrelevant! Das klang gerade so, als hätte er sich noch nie Gedanken über den Sinn des Lebens gemacht. Faszinierend, nicht?

Noch viel faszinierender finde ich allerdings die Tatsache, dass selbst Menschen, die vollkommen ziel- und orientierungslos durchs Leben stolpern, überzeugt sind, sie müssten sich beeilen.

Ein Mensch ohne Lebensplan gleicht einem Athleten, der im Stadion steht und vergessen hat, welche Sportart er ausübt.

Akutagawa Ryünosuke

Die Zeit ist bei *Alice im Wunderland* auch gleich zu Beginn ein zentrales Thema, als Alice das weiße Kaninchen kennenlernt, das es sehr eilig hat und ständig seine Taschenuhr konsultiert. Wann immer ich diese Passage lese, kommt mir unwillkürlich der Gedanke, dass wir doch alle sind wie dieses gestresste Kaninchen – andauernd gehetzt und zu spät dran. Wie es scheint, ist Rastlosigkeit ein für diese Spezies typisches Charakteristikum: In *Pu der Bär* beschwert sich Pus Freund, der Esel I-Ah, über das Kaninchen, weil es, noch während es ihn fragte, wie es ihm gehe, einfach weiterhoppelte, ohne die Antwort abzuwarten. Da fällt mir eine neue Definition für »Freund« ein: Ein Freund ist jemand, der sich nach unserem Befinden erkundigt und unsere Antwort auch tatsächlich hören will. Mit anderen Worten: Er nimmt sich für uns Zeit.

Ein großer Nachteil der Eile ist, dass sie so viel Zeit kostet.

G. K. Chesterton

Das ist ein großes Paradoxon des modernen Alltags: Der Mensch hat allerlei Geräte erfunden, die dazu dienen, Zeit einzusparen – angefangen vom Fax über die Mikrowelle und das Flugzeug bis hin zum Smartphone –, und was haben sie uns eingebracht? Noch mehr Hektik. Früher mussten die Leute, wenn sie Lust auf eine Tasse Tee hatten, erst einmal Holz aus dem Wald und einen Eimer Wasser vom Brunnen holen, dann mussten sie ein Feuer machen und abwarten, bis das Wasser kochte, damit sie den Tee aufbrühen konnten – und trotzdem hatten sie massenhaft Zeit. Heute drücken wir, während wir einen Anruf erledigen, auf einen Schalter und haben binnen sechs Sekunden kochendes Wasser, und dennoch fragen wir uns: »Wo ist nur wieder die Zeit geblieben?«

Früher hätte ich im Rahmen einer Reise nach Italien mehrere Tage auf einem Schiff verbracht und unterwegs jede Menge Gelegenheiten gehabt, die Seele baumeln zu lassen. Heute nimmt man in einem solchen Fall ein Taxi zum Flughafen, und an Bord der Maschine ist man ständig beschäftigt: Man isst und trinkt, sieht sich einen Film an und tätigt Zollfreieinkäufe, und zack! ist man auch schon in Italien gelandet, ohne eine einzige Minute Müßiggang. Unser Versuch, Zeit zu sparen, hat dazu geführt, dass sich die Zeit praktisch in Luft aufgelöst hat. Noch nie hatten die Menschen so wenig Zeit wie heute.

MIT 66 JAHREN ...

Nichts von all dem, was uns im Leben erwarte, käme so unerwartet wie das Älterwerden, sagte der russische Revolutionär Leo Trotzki. Die meisten von uns haben Angst vor dem Altwerden und versuchen, es möglichst lange hinauszuschieben. Kein Wunder – schon der weise König Salomo malt ein ausgesprochen düsteres Bild vom Lebensabend: Sonne, Mond und Sterne scheinen zwar weiterhin, schreibt er, doch der alte Mensch ist im Reich der Dunkelheit angekommen, wo auf Regen nicht wie früher Sonnenschein folgt, sondern ein Schauer den anderen jagt. Der alte Mensch weint ohne Unterlass, und seine Tränen benetzen nicht nur sein Gesicht, sondern auch seine Seele. Seine Hände und Beine zittern, sein Geist ist erfüllt von Angst und Ehrfurcht.

»Du hast kaum noch Zähne«, sagt Salomo zum Greis, »und die Geschmacksnerven deiner Zunge sind verkümmert, doch du hast dein Leben lang genug gegessen und gekostet. Deine Augen können keine Formen mehr erkennen und trüben sich, doch du hast in deinem Leben genug gesehen. Du hast nichts zu tun, und dennoch bist du immer müde, doch du hast bereits genug getan. Du schläfst schlecht, erwachst bei jedem Geräusch, doch du hast genug geschlafen. Deine Ohren lassen dich im Stich, du hörst nicht mehr die Laute, die dich einst erfreuten. Deine Welt wird still und dunkel. Dein Leben geht auf das Ende zu, das Reich der schrecklichen Geheimnisse naht.«

Mag sein, dass Salomo recht hat, wenn er das Alter als »die schlimmen Zeiten« bezeichnet, aber dieser Lebensabschnitt kann sich durchaus auch sehr freudvoll gestalten – womit wir eine weitere fundamentale Wahrheit aufgestöbert hätten.

Ich weiß nicht, wie es mir im Alter von 66 Jahren gehen wird, also habe ich keine Meinung zu diesem Thema. Ich kann nur Mutmaßungen anstellen.

Entgegen der gängigen Überzeugung, dass man im Alter weniger glücklich ist, haben zahlreiche Studien ergeben: Das Gegenteil ist der Fall.

Professor Yang Yang von der University of Chicago belegt in einer wichtigen soziologischen Studie aus dem Jahr 2008 eindeutig, dass Amerikaner mit zunehmendem Alter immer glücklicher werden.

Dieses Ergebnis wird jüngere Leser zweifellos überraschen. »Wie kann mein Großvater glücklicher sein als ich? Er hat doch gar keine Zähne mehr! Und was ist mit Großmutters Osteoporose? Macht die etwa glücklich? Und überhaupt feiern die alten Leutchen doch gar nicht so viel wie ich!«

Nun, das Älterwerden bringt etliche Vorteile mit sich, insbesondere mehr Selbstvertrauen und eine gesteigerte Integrationsfähigkeit. Zudem sind wir ab einem gewissen Alter nicht mehr gezwungen, Dinge zu tun, die wir eigentlich nicht tun wollen (für einen fiesen Boss zu malochen beispielsweise), und wir bekommen einen besseren Blick dafür, worauf es im Leben wirklich ankommt.

Von meinen Eltern habe ich gelernt, wie wichtig es ist, im Alter Freunde zu haben. Sie pflegen eine enge Freundschaft mit drei anderen Ehepaaren, telefonieren häufig mit ihnen, feiern gemeinsam ihre Geburtstage, sehen sich zusammen Filme an und fahren sich gegenseitig ins Krankenhaus, wenn es mal einem von ihnen nicht so gut geht. Als mir noch nicht klar war, wie wichtig Freundschaften sind, versuchte ich, meine alten Herrschaften zu einem Umzug in ein größeres, schöneres Haus zu bewegen, aber sie brachten allerlei fadenscheinige Grunde vor, die aus ihrer Sicht dagegensprachen. Heute kenne ich den wahren Grund: Sie wollten einfach weiterhin in der Nähe ihrer

Freunde wohnen. Was nützt einem ein schönes großes Haus, wenn man darin einsam ist?

Psychologische Studien rund um das Thema Glück bestätigen die enorme Bedeutung von Freundschaften – und sie weisen darauf hin, dass wir oft nicht genügend Anstrengungen unternehmen, um sie anzubahnen und zu pflegen.

François de La Rochefoucauld behauptete, die Menschen seien nie so glücklich oder unglücklich, wie sie denken. Wenn wir jung sind, können wir das nicht nachvollziehen. Wir sind beim geringsten Anlass zu Tode betrübt, dafür können uns aber auch die belanglosesten Nebensächlichkeiten heiter stimmen und in eine fröhliche Laune versetzen. Im höheren Alter feiern wir zwar nicht mehr so häufig ausgelassene Partys, allerdings laufen wir auch deutlich seltener Gefahr, von jeder Kleinigkeit gleich in eine tiefe Depression gestürzt zu werden.

Laut Marcel Proust tut ein junger Mann alles in seiner Macht Stehende, um das Herz der Frau, die er liebt, zu gewinnen. Wenn er älter wird, genügt ihm bereits die Gewissheit, dass er das Herz einer Frau gewonnen hat, um sie zu lieben. Wenn wir älter werden, lieben wir die, die uns lieben, so Proust. Ich für meinen Teil – als Bewunderer alles Schönen – habe festgestellt, dass ich mit zunehmendem Alter in fast jeder Frau Schönheit erkenne.

Für all jene, die noch immer nicht überzeugt sind, dass das Alter auch sein Gutes hat, wollen wir nun einmal die Alternative unter die Lupe nehmen.

Obwohl ich, wie mir aufgefallen ist, noch eine Spur zu jung bin, um bereits allerlei Ansichten über das hohe Alter hinauszuposaunen, möchte ich hier immerhin zwei meiner Erkenntnisse zu dem Thema anbringen.

Erstens: Ich finde es höchst ungerecht, dass wir uns im Alter, wenn wir schon erschöpft und kraftlos sind, mit allerlei Problemen und Gebrechen herumplagen müssen. Viel besser wäre es doch, stattdessen in jungen Jahren damit konfrontiert zu werden, wenn wir noch voll im Saft stehen.

Zweitens – und diesbezüglich bin ich mit Oscar Wilde einer Meinung: Das Schlimmste am Älterwerden ist, dass der innerliche Alterungsprozess deutlich langsamer vonstatten geht als der äußerliche. Während der Körper zusehends verfällt, können Seele und Geist sich ihre jugendliche Frische bis ins hohe Alter bewahren.

Würden wir psychisch im gleichen Tempo altern wie physisch, so könnten wir uns auf einen gemütlichen, entspannten Lebensabend einstellen. Doch leider kommt es meistens anders: Psyche und Geist klammern sich, eingesperrt in die vergängliche Hülle, an ihre Sehnsüchte und Hoffnungen. Meine Sehnsüchte und Träume jedenfalls unterscheiden sich weder thematisch noch in punkto Intensität groß von denen, die ich hatte, als ich halb so alt war.

Bei der Gelegenheit fällt mir auf, dass auch dies eine fundamentale Wahrheit ist, weshalb auch das genaue Gegenteil davon wahr ist. Und diese Wahrheit lautet: Ich will auf gar keinen Fall, dass meine Seele genauso schnell altert wie mein Körper. Vielmehr möchte ich, dass mein Körper genauso lang jung bleibt wie meine Seele. Eine junge Seele in einem alten Körper mag betrüblich sein, aber eine alte Seele in einem jungen Körper ist ungleich betrüblicher.

DER LETZTE VORHANG

Es heißt, bevor wir sterben, sehen wir das Leben noch einmal blitzschnell an uns vorüberziehen. Das stimmt – das nennt sich Leben.

Terry Pratchett

In einem beliebten Märchen aus dem Orient trifft ein Wanderer mitten in der Wüste auf ein wildes Tier. Er sucht Zuflucht in einem vertrockneten Brunnen, muss jedoch feststellen, dass auf dem Grund des Brunnens ein furchteinflößender Drache sitzt, dem ein kleiner Imbiss gerade recht käme.

Um nicht hinunterzustürzen, klammert sich der Wanderer mit aller Kraft an einen Ast, der aus der Brunnenmauer wächst. Doch schon bald tun ihm die Arme weh, und zu allem Überfluss tauchen plötzlich zwei Mäuse (die eine schwarz, die andere weiß) auf und beginnen, eifrig an dem Ast zu nagen. Nun ist alle Hoffnung dahin. Sein Schicksal ist besiegelt, diese beiden Mäuse werden ihm jetzt zum Verhängnis.

Und wie er so dort hängt, stellt der verzweifelte Wanderer fest, dass die Blätter des Zweigs, an dem er sich festhält, von Honigtau benetzt sind. Er zieht den Zweig heran und streckt die Zunge heraus, um etwas davon abzulecken, und sein letzter Gedanke ist: »Ah, was für ein köstlicher Geschmack!«

Ich nehme an, meine Leser haben bereits erkannt, dass die beiden Mäuse Tag und Nacht symbolisieren und der Drache natürlich für den Tod steht, der stets auf uns lauert und den wir uns im Allgemeinen sehr qualvoll ausmalen.

Warum also nicht das Leben in vollen Zügen genießen, ehe wir von der Bühne des Lebens abtreten?

Wenn ein Mensch stirbt, ist dies noch kein Beweis dafür, dass er auch gelebt hat.

Stanisław Lec

Spinoza war der Auffassung, ein freier Mensch solle mehr über das Leben nachdenken als über den Tod. Damit konnte Tolstoi nicht viel anfangen. Er schrieb, wer gelernt habe, ernsthaft nachzudenken, befasse sich bewusst oder unbewusst fast immer mit dem Tod.

Ich kenne viele Leute, denen es ausgesprochen unangenehm ist, wenn man auch nur in einem Nebensatz auf den Tod zu sprechen kommt. Aber wir können noch so hartnäckig versuchen, ihn zu vergessen, *er* vergisst *uns* nicht. Eines Tages wird er kommen und uns holen. Alle Bewohner der Stadt, in der wir leben, alle Menschen, die uns auf der Straße begegnen, sämtliche Bekannte von uns werden irgendwann in die ewigen Jagdgründe eingehen.

Der Countdown hat mit unserer Geburt begonnen.

Zu wissen, dass der Tod dort draußen auf uns wartet, kann uns meines Erachtens helfen, ein besseres Leben zu führen, indem wir klügere Entscheidungen treffen und uns auf die Dinge konzentrieren, auf die es wirklich ankommt. Als der Philosoph Martin Heidegger um einen Rat für ein besseres Leben gebeten wurde, gab er zur Antwort, man solle viel Zeit auf Friedhöfen verbringen, um sich die Nähe des Todes vor Augen zu führen.

DIE LEIDEN DES IWAN I.

Tolstoi war fast sechzig Jahre alt, als er seine Novelle *Der Tod des Iwan Iljitsch* schrieb.

Die Geschichte handelt vom Leben, zum überwiegenden Teil allerdings vom nahenden Tod eines Mannes namens Iwan Iljitsch, was dem Werk einen tiefsinnigen Charakter verleiht. Denn genau genommen leben ja alle Menschen, auch Sie und ich, im Angesicht des Todes.

Hier eine sehr kurze Zusammenfassung der Handlung: Iwan Iljitsch, ein wohlhabender und respektabler Mann, wird im Alter von fünfundvierzig Jahren plötzlich krank und stirbt.

Iwan hat ein durch und durch einfaches und gewöhnliches Leben geführt. Er ist ein ganz normaler Mittelschicht-Bourgeois, dessen Leben von geistiger Leere geprägt ist. Mit der Natur, der Erde und hohen moralischen Werten hat er nichts am Hut. Als er infolge seiner unheilbaren Erkrankung mit der Bedeutung von Leben und Tod konfrontiert wird, erkennt er, dass sein gesamtes bisheriges Dasein eine scheinheilige Farce war. Seine größten Leistungen sind bedeutungslos, genau wie seine Karriere als Jurist, ja, selbst das große Haus, das er für sich und seine Familie gebaut hat. Seine Erkrankung quält ihn zunehmend, am Ende sind die Schmerzen so stark, dass er stundenlang, unablässig schreit, bis ihm selbst die Stimmbänder wehtun.

Iwans Angehörige lieben ihn zwar auf ihre Weise, sind ihm aber in dieser schweren Zeit kein Trost. Sie sehen nur zu, wie er dahinsiecht. Ihr Verhalten bildet einen krassen Gegensatz zu der Anteilnahme und Fürsorge seines Dieners Gerasim, eines Kosaken mit einem großen Herzen, der ihn pflegt. Er hat erkannt, dass Iwan weniger Mitleid als vielmehr konkrete Hilfe benötigt. Mit seiner Güte und seiner bodenständigen Weisheit führt er dem Kranken vor Augen, worauf es im Leben eigentlich ankommt und wie der Mensch die kurze Zeit, die er auf Erden weilt, verbringen sollte. Seine Worte fallen bei Iwan auf fruchtbaren Boden und bewirken sogar, dass er seine schrecklichen Schmerzen und seine Angst vor dem Tod bezwingt. Als schließlich das Ende naht, hört Iwan auf, mit dem Schicksal und seinen Mitmenschen zu hadern, und so findet die Geschichte seines Lebens schließlich doch noch ein versöhnliches Ende:

> *»Das Sterben ist zu Ende«, sagte er sich. »Der Tod ist nicht mehr da.«*
> *Er holte ein allerletztes Mal Luft, hielt mitten im Atemzug inne, streckte sich und starb.*

Eine der größten Tragödien unseres Lebens besteht wohl darin, dass man es »nur rückwärts verstehen kann, aber vorwärts leben muss«, wie Kierkegaard es einmal formulierte. Leider begreifen die Menschen allzu oft erst, wie man leben sollte, wenn schon der Sensenmann vor ihnen steht und verkündet: »Deine Zeit ist um! Das war dein Leben!« Wie schrecklich!

Wenn wir eine Lehre aus *Der Tod des Iwan Iljitsch* ziehen können, dann wohl die: Wir sollten unser Leben so gestalten, dass wir auf dem Sterbebett kein grenzenloses Bedauern verspüren, weil unsere Zeit auf der Erde sinnlos und vergeudet war.

> *Der Mensch kann leben wohl als Thor, nicht sterben.*
>
> Edward Young, *Nachtgedanken*

Iwan erkennt erst kurz vor seinem Ableben, wie er hätte leben sollen. Ist das nicht entsetzlich unfair? Heutzutage kann man für so gut wie alles Kurse belegen, nur nicht für das Leben. Und so beginnt man es ahnungslos und unvorbereitet, und schwupps, steht man auch schon vor der Schlussprüfung. Viel praktischer wäre es doch, zunächst einen Probedurchlauf zu absolvieren und mit dem richtigen Leben erst dann loszulegen, wenn wir beim Thema Prioritäten den vollen Durchblick haben und uns der Sache gewachsen fühlen!

Ich war noch sehr jung, als ich diese Geschichte das erste Mal las, und ich kann mich noch gut erinnern, wie wenig ich damit anfangen konnte. Ich war damals in einem Alter, in dem man kaum je an den Tod denkt – und selbst wenn, so ist er nicht viel mehr als ein abstraktes Wort. Im Grunde ist es fast vergebliche Liebesmüh, dieses Meisterwerk Tolstois schon so früh zu lesen, aber es gab immerhin eine Passage, die mir schon damals gefiel, wenngleich ich ihren Sinn noch nicht in vollem Umfang erfassen konnte.

Tolstoi erwähnt in seiner Novelle nämlich einen klassischen Syllogismus, den jeder, der in Sachen Logik einigermaßen bewandert ist, kennt: Sokrates ist ein Mensch, Menschen sind sterblich, folglich ist Sokrates sterblich.

Die Erkenntnis, dass er sterben wird, stürzt Iwan Illjitsch in eine tiefe Verzweiflung – er kann weder verstehen noch akzeptieren, dass sein Tod unaufhaltsam näher rückt. Er ruft sich den oben erwähnten formallogischen Schluss in Erinnerung, der ihm, auf Sokrates angewendet, stets korrekt erschienen war, doch es gelingt ihm nicht, ihn auch auf sich selbst anzuwenden. Es stimmt zwar, dass Sokrates – und der Mensch im Allgemeinen – sterblich ist, aber Iwan ist nicht Sokrates und auch kein Mensch im Allgemeinen, sondern einer aus Fleisch und Blut, mit dem das alles nichts zu tun hat.

»Es kann nicht sein, daß ich sterben muss. Das wäre zu schrecklich.«

Iwan Iljitsch versteht zwar, dass der Tod allen Menschen blüht, dennoch will ihm nicht in den Kopf, dass er selbst sterben wird, und er fragt sich, wo er denn sein wird, wenn er einmal nicht mehr ist.

> *Was wirst du tun, Gott, wenn ich sterbe? [...]*
> *Mit mir verlierst du deinen Sinn. [...]*
> *Ich bin bange.*
>
> Rainer Maria Rilke

DER TOD – FREUND ODER FEIND?

Edward Young, ein bereits mehrfach zitierter englischer Dichter des 18. Jahrhunderts, schrieb in seinem Werk *Nachtgedanken*: »Der Mensch glaubt alles sterblich, außer sich.«

Die Sache ist die: Es ist egal, was wir denken. Früher oder später kommt der Augenblick der Wahrheit. Irgendwann erleben wir alle den Moment, in dem wir begreifen, dass uns Gevatter Tod einen Besuch abstatten wird, sei es nun in ein paar Tagen oder erst in einigen paar Jahren. Wir können ihm nicht entgehen. Dies ist ein denkwürdiger Augenblick in unserem Leben, und ab diesem Zeitpunkt werden wir vieles anders sehen.

Der Tod ist ein dramatischer und absolut überwältigender Aspekt der Realität, der alles andere verschlingt. Neben dem Tod verblasst das Leben. Heute ist es noch da, schon morgen könnte es vorbei sein. Der Tod ist nie weit, und eines Tages kommt er zu uns und bleibt für immer.

Platon meinte, wer Angst vor dem Tod habe, brüste sich mit einem Wissen, über das er gar nicht verfüge. Er hat recht – jeder von uns fürchtet den Tod, als wäre er das Schlimmste, was uns ereilen kann, obwohl uns kaum etwas über ihn bekannt ist. Wer weiß, womöglich ist er ja ein großer Segen? Ein jüdisches Sprichwort besagt: Das Leben nach dem Tod muss wunderschön sein, schließlich ist keiner je zurückgekehrt.

Übrigens berichtete Platon, Sokrates sei friedlich eingeschlafen, nachdem er den Schierlingsbecher geleert habe. Für Sokrates gab es nur zwei Optionen nach dem Tod: nichts oder Leben. Im ersten Falle erwarte ihn ein bis in alle Ewigkeit dauernder, traumloser Schlaf. Was könnte es Schöneres geben? Wir alle wissen, wie gut es tut, wenn man die ganze Nacht tief und fest schläft. In manchen buddhistischen Traditionen gilt der traumlose Schlaf sogar als die höchste Bewusstseinsstufe. Die zweite Option fand Sokrates sogar noch vielversprechender: Falls es ein Leben nach dem Tod gebe, so biete sich ihm damit die Möglichkeit, Homer, Hesiod und viele weitere faszinierende Menschen kennenzulernen, mit denen er sich schon immer gern austauschen wollte.

In einer alten russischen Volkssage gelingt es einem wackeren Soldaten (der schon den Teufel beim Kartenspielen besiegt und den Zaren gerettet hat, alte Damen über die Straße bringt und so weiter), den Tod zu fangen und in einen großen Sack zu stecken. Fortan bleiben die

Menschen vor ihm verschont, niemand stirbt mehr, alle sind überglücklich.

Zumindest eine Weile. Denn die Menschen altern trotzdem. Ihre Körper verfallen, von allerlei unheilbaren Krankheiten gezeichnet. Schon bald begreifen sie, dass der Tod befreit werden muss, damit er sie von ihren Qualen erlösen kann. Sie entsenden eine Delegation und bitten den Soldaten, er möge seinen Gefangenen freilassen. Der Soldat versteht erst jetzt, dass die Menschen leiden müssen, weil er dem Tod das Handwerk gelegt hat, und so lässt er ihn, nachdem er gründlich darüber nachgedacht hat, laufen.

Der Tod nimmt seine Tätigkeit wieder auf, und das Leben verläuft wieder in geordneten Bahnen – allerdings nicht für den wackeren Soldaten. Um ihn und seinen großen Sack macht der Tod stets einen großen Bogen. Und so wird der Soldat alt und krank und müde. Er ist des Lebens überdrüssig, und nachdem er eine Weile vergeblich auf den Tod gewartet hat, macht er sich höchstpersönlich auf ins Land der Toten.

Und die Moral von der Geschicht: So erschreckend es auch sein mag, dem Tod gegenüberzutreten, die Vorstellung, es nicht zu tun, ist noch viel erschreckender.

DER GEVATTER ALS COACH

Tolstoi schlug vor, wir sollten den Tod zu unserem Mentor ernennen – zu einer Art Lehrmeister, der uns in die Kunst des richtigen Lebens einweist. Wann immer wir vor einer Entscheidung stehen und nicht wissen, was wir tun sollen, so Tolstoi, sollen wir uns einfach fragen: Wie würde ich mich entscheiden, wenn ich wüsste, dass ich heute Nacht sterben werde?

Wenn wir wüssten, dass uns in wenigen Stunden der Tod ereilt, würden wir dann vor der Glotze sitzen bleiben und uns eine dämliche Gameshow reinziehen? Oder den x-ten Artikel im Wirtschaftsteil der Tageszeitung lesen? Würden wir uns in einem Discounter in die Schlange an der Kasse einreihen? Ich bezweifle es.

Stets mit dem Tod zu rechnen oder uns in Erinnerung zu rufen, dass unsere nächste Handlung bereits die letzte sein könnte, könnte uns helfen, die richtigen Prioritäten zu setzen, damit wir ein gutes Leben führen und uns mit den Dingen beschäftigen, die wichtig sind. Der Tod schärft unsere Sinne und lässt alles realer erscheinen.

Ich kenne ein paar Leute, die ihr Leben von Grund auf änderten, als ihnen bewusst wurde, dass sie bald sterben würden. Eine unheilbare Krankheit führte ihnen vor Augen, wie wunderbar das Leben ist und wie wertvoll jede einzelne Sekunde, die wir auf dieser Erde verbringen dürfen.

Der tibetische Meditationsmeister Sogyal Rinpoche hat für uns folgenden Tipp auf Lager:

> *Den Tod anzuschauen, muss nicht morbide und beängstigend sein. Warum nicht dann über den Tod nachdenken, wenn wir wirklich inspiriert sind, entspannt und bequem im Bett liegen, im Urlaub sind oder wenn wir gerade gute Musik hören? Warum nicht über den Tod nachdenken, wenn wir glücklich sind, bei guter Gesundheit, voller Vertrauen und uns wohlfühlen?*
>
> Sogyal Rinpoche, *Das tibetische Buch vom Leben und vom Sterben*

Genauso wenig wie den Tod können wir die Tatsache leugnen, dass wir durchaus an den Tod denken und mit ihm rechnen, ob wir es uns nun eingestehen oder nicht. Der beste Beweis dafür ist, dass wir vor großen Entscheidungen gründlich nachdenken und Pro und Contra sorgfältig abwägen. Wenn wir überzeugt wären, dass wir ewig leben, könnten wir uns das ja einfach sparen. Ich für meinen Teil würde dann garantiert keinen einzigen Gedanken an meine Karriere verschwenden. Stattdessen würde ich erst einmal tausend Jahre lang in Clubs und Bars Klavier spielen. Die nächsten tausend Jahre würde ich Philosophie unterrichten, dann würde ich ein paar Jahrhunderte lang wandern gehen, noch ein gutes Jahrtausend Mathematik studieren und mich mehrere tausend Jahre der Malerei und der Schriftstellerei widmen ... und hätte danach trotzdem noch die ganze Ewigkeit vor mir.

Vermutlich würde die Sache noch bedeutend selstamere Blüten treiben. Wer sich einmal ernsthaft überlegt, was es bedeuten würde, ewig zu leben, wird früher oder später zum gleichen Schluss kommen wie zahlreiche Philosophen, die mutmaßten, die meisten Menschen würden, wenn sie ewig lebten, ganz einfach gar nichts tun. Wozu heute eine mathematische Gleichung lösen, wenn wir das auch morgen oder übermorgen erledigen können? Oder in hundert Jahren, oder in eineinhalb Milliarden Jahren?

Ludwig Wittgenstein sagte einmal, wer behaupte, wenn wir unsterblich wären, würden wir alle Rätsel der Welt lösen, liege falsch, weil wir nämlich gar nicht auf die Idee kämen, uns über irgendwelche Rätsel den Kopf zu zerbrechen. Sokrates erkannte, dass der Tod der Vater der Philosophie ist, und viele seiner Kollegen stimmten ihm zu.

Der Tod verleiht allen Dingen Wert und Sinn. Nur er bewegt uns dazu, Entscheidungen zu treffen. Wir rechnen damit, sterben zu müssen, und nur das bewirkt, dass wir etwas aus unserem Leben machen, dass wir es feiern und uns daran erfreuen. Zu wissen, dass unsere Zeit begrenzt ist, hält uns davon ab, sie zu verschwenden – und Zeitverschwendung ist die schlimmste Art der Verschwendung. Tolstoi plädierte dafür, stets fleißig zu sein, denn wir müssten jederzeit damit rechnen, dass unser Tod der Arbeit an unserem Lebenswerk ein Ende setze. Angesichts der Tatsache, dass wir sterben werden, entbehrt es außerdem jeglicher Vernunft, Dinge zu tun, die für uns nicht von Belang sind, insofern ist das Wissen um die eigene Sterblichkeit die beste Motivation, sich mit dem zu befassen, was wirklich wichtig ist.

KAPITEL 6

VON WEISHEIT UND BEDEUTUNG

MAN LEBT NUR ZWEIMAL

Würden Sie Ihr bisheriges Leben so, wie es war, noch einmal leben wollen?

Nachdem ich mich selbst eine Weile mit dieser Frage auseinandergesetzt hatte, beschloss ich, sie einigen meiner Mitmenschen zu stellen – und zwar gezielt solchen, die schon viele Jahre auf dem Buckel hatten. Als Erstes wandte ich mich an meinen Vater, einen Holocaust-Überlebenden, der in seinem Leben viel Kummer und Leid erfahren hat, weshalb es mich einige Überwindung kostete. Aber als ich schließlich all meinen Mut zusammengenommen hatte, antwortete er zu meiner Verblüffung wie aus der Pistole geschossen: »Ja, das würde ich«, und er fügte hinzu, da müsse er gar nicht lange überlegen, denn neben all den schrecklichen Ereignissen seien in seinem Leben auch eine Menge schöner Dinge geschehen.

Ich war etwas überrascht und sehr erleichtert. Da ich nicht genügend Leute im passenden Alter kannte, bat ich meinen Vater, unter seinen Freunden und Verwandten eine kleine Umfrage zu starten.

Es dauerte ein paar Tage, bis er alle seine Freunde angerufen hatte, und siehe da, kaum einer hatte die Frage so entschieden bejaht wie er. Im Gegenteil – etliche von ihnen hatten verneint, andere waren unentschlossen und konnten sich selbst dann, als er sie bat, ihm keine Anekdoten zu erzählen, sondern einfach nur Ja oder Nein zu sagen, zu keiner klaren Auskunft durchringen.

Wie sich am Ende herausstellte, stand mein Vater ziemlich allein auf weiter Flur mit seiner Aussage, er hätte nichts dagegen, sein Leben noch einmal zu leben. Ich fragte mich, was es ihm wohl ermöglicht haben mochte, sein

Leben so zu gestalten, dass es ihm lohnenswert schien, es zu wiederholen. Seine Großherzigkeit und Selbstlosigkeit? Seine beeindruckende Wertschätzung für alles Gute, das ihm im Leben widerfuhr? Die Tatsache, dass ihm Neid so vollkommen fremd war?

SEIN ODER NICHTSEIN
(die Originalversion)

Zwischen den beiden großen Toraschulen von Hillel und Schammai hat es Berichten zufolge im 1. Jahrhundert n. Chr. eine große Debatte gegeben. Zweieinhalb Jahre lang sollen die Anhänger der beiden Denkrichtungen darüber diskutiert haben, ob es besser für die Menschheit gewesen wäre, wenn sie gar nicht erst erschaffen worden wäre. Nachdem sie die Angelegenheit gründlich von allen Seiten beleuchtet und Für und Wider ausführlich gegeneinander abgewogen hatten, kamen die beiden weisen Oberhäupter zu dem Schluss, es wäre tatsächlich besser gewesen, nicht erschaffen worden zu sein. Das ist natürlich eine fundamentale Wahrheit, denn sowohl diese Behauptung als auch ihr Gegenteil sind wahr: Gut möglich, dass es für die Menschheit besser gewesen wäre, wenn Gott sie nicht erschaffen hätte, aber das Leben ist trotzdem ein Wunder.

Wie dem auch sei, Gott hat uns nun einmal erschaffen, und damit sind derlei Überlegungen für uns eigentlich müßig.

Dass das Leben ein Wunder ist, kann man beispielsweise bei Erich Fromm nachlesen:

Wer wollte aber andererseits behaupten, dass ein glücklicher Augenblick der Liebe oder die Lust zu atmen oder ein Gang in frischer Morgenluft nicht alles Leiden und alle Mühe wieder aufwiegt, die das Leben mit sich bringt?

Erich Fromm

Aber auch für den berühmten buddhistischen Mönch Thich Nhat Hanh ist das Leben ein einziges großes Wunder:

Das Wunder besteht nicht darin, übers Wasser zu gehen. Das Wunder besteht darin, im gegenwärtigen Augenblick auf der Erde zu wandeln und dankbar zu sein für den Frieden und die Schönheit der Gegenwart.

Ist das Leben nun also nur Sinnlosigkeit und Leid oder unfassbare Glückseligkeit und grenzenlose Schönheit? Sie kennen die Antwort bereits: Es ist beides.

Leid ist nicht das Gegenteil von Glück.

Anonym

Deutet die Bereitschaft, das Leben noch einmal zu »absolvieren«, darauf hin, dass man richtig, anständig und rechtschaffen gelebt hat?

Können wir lernen, wie man lebt, *während* wir leben? Es wäre zu schön, wenn wir – wie bei einem Aufsatz – erst einmal eine Rohversion anfertigen und an dieser dann allerlei Korrekturen vornehmen könnten. Oder wenn wir einfach eine zweite Chance bekämen.

Welche Augenblicke Ihres bisherigen Lebens würden

Sie noch einmal erleben? Welche würden Sie lieber vergessen? Rufen Sie sich Ereignisse in Erinnerung, die Sie selbst herbeigeführt haben und bei denen Sie keinen gesteigerten Wert auf eine Wiederholung legen würden. Haben Sie etwas daraus gelernt?

DER PFAD DER WEISHEIT

Der Anfang der Weisheit ist die Sehnsucht danach.

Solomon ibn Gabirol

»Die Weisheit kommt mit dem Alter«, hat man mir sowohl in meiner Jugend als auch im Erwachsenenalter immer wieder versichert. Ich warte noch immer geduldig, doch je älter ich werde, desto mehr zweifle ich am Wahrheitsgehalt dieser Aussage. Ich beobachte mich selbst, meine Freunde und Menschen, die älter sind als ich, aber selbst bei ganz alten Leuten habe ich nicht den Eindruck, als würden wir mit den Jahren dazulernen und dank größerer Weisheit ein besseres Leben führen.

Die Zeit ist also wohl doch keine so große Lehrmeisterin – sie verlangt ausgesprochen hohe Studiengebühren, über kurz oder lang sterben all ihre Schüler, und sehr häufig sind diese absolut unkalkulierbaren Kosten auch noch total für die Katz.

Es gibt Menschen, die ihr ganzes Leben lang nichts dazulernen, für andere dagegen sind Erfahrungen durchaus lehr- und hilfreich. Große Ereignisse öffnen uns (vorausgesetzt, wir gehören der zweiten Schülergruppe an) viel eher die Augen als unsere Bildung.

Seit jeher äußern weise Menschen in Ost und West weise Gedanken in Tausenden Varianten. Wir müssen allerdings klar zwischen Wissen und Weisheit unterscheiden, denn im Gegensatz zum Wissen kann Weisheit nicht von einem Menschen an den nächsten weitergegeben werden. Mein Wissen stammt aus den unterschiedlichsten Quellen – ich habe Vorträge an der Universität besucht, Unterhaltungen mit faszinierenden Menschen geführt, mich im Internet durch Webpräsenzen geklickt und vor allem viele Bücher gelesen, und ich habe mir auf diese Weise einen regelrechten Ozean an Wissen angeeignet. Doch Weisheit kann man nicht lehren. Wissen hilft uns bei der Bewältigung des Lebens, Weisheit hilft uns zu verstehen, worauf es ankommt und was dem Leben einen Sinn gibt.

> *Erfahrung ist nicht, was einem zustößt. Erfahrung ist das, was man aus dem macht, was einem zustößt.*
>
> Aldous Huxley

Meiner Meinung nach hat Weisheit nichts mit dem Wissen zu tun, das sich ein Mensch im Laufe seines Lebens aneignet. Manche Menschen wissen sogar so viel, dass sie rein gar nichts mehr verstehen. Wir müssen darauf achten, uns nicht dumm zu lesen.

> *Weisheit ist, zu wissen, was man alles weiß oder nicht weiß. Dummheit ist zu denken, dass man etwas weiß, das man nicht weiß, und nicht zu wissen, was man weiß.*
>
> Chinesisches Sprichwort

> *Ich bin nicht jung genug, um alles zu wissen.*
>
> James M. Barrie

Martin Seligman, der Vater der positiven Psychologie, klingt betrübt, wenn er gesteht, geistige Tugenden wie Neugier oder die Freude am Lernen seien für das Glück weniger ausschlaggebend als soziale Tugenden wie Freundlichkeit, Dankbarkeit und die Fähigkeit zu lieben.

> *... was gut in eines guten Menschen Leben, ich meine seine kleinen Handlungen, die namenlosen, bald vergessenen, die er aus Freundlichkeit und Liebe tut ...*
>
> William Wordsworth, »Tintern Abbey«

Ich glaube, dass der Grad der Weisheit eines Menschen unter anderem an der Anzahl der glücklichen Momente gemessen werden kann, die er gesammelt hat. Nehmen wir mal an, ein Mensch sinnt an seinem letzten Tag auf Erden über all das nach, was er in seinem Leben getrieben hat, und es fallen ihm außer den zahlreichen Differenzialgleichungen, die er gelöst hat, seinen drei Doktorarbeiten, seinen Festanstellungen an zwei Universitäten und den achteinhalb Millionen Dollar auf seinem Bankkonto nur die unzähligen Gelegenheiten ein, bei denen er sich oder andere geärgert hat, aber kein einziger Augenblick, in dem er glücklich war – so richtig glücklich –, das ist doch eine sehr traurige Gestalt. Und noch trauriger ist es, wenn er sich kaum noch daran erinnern kann, andere Menschen glücklich gemacht zu haben.

Ich muss also fragen:

Worin besteht der Sinn des Lebens? Was für einen Zweck erfüllt mein Leben? Was soll ich aus meinem Leben machen?

Ein russischer Existenzialist namens Schestow verglich das Leben mit einer hohen Mauer – um auf die andere

Seite zu gelangen, kann man entweder sein riesengroßes Ego zu Hilfe nehmen und hinüberspringen, oder man übt sich in Bescheidenheit und macht sich so klein, dass man durch eine Ritze passt. Analog dazu liefert eine Fabel aus Zentralasien zwei Strategien für Menschen, die von einem Löwen angegriffen werden: a) zum Krieger mutieren und den Löwen töten oder b) so lange schrumpfen, bis man sich zwischen seinen Zähnen verstecken kann.

Jüdische Gelehrte empfahlen, man solle die folgenden zwei Überzeugungen stets im Hinterkopf behalten: 1) Die Erde wurde nur für uns geschaffen, und 2) wir sind nur Staub und Asche (Genesis 18,27). Bei beiden Aussagen handelt es sich um fundamentale Wahrheiten, denn auch das jeweilige Gegenteil davon ist wahr. Und tatsächlich bedienen wir uns unterschiedlicher Strategien, um das Leben zu meistern. Wir machen uns mal groß, mal klein und sind sowohl manisch als auch depressiv. Es gibt keinen Zwiespalt, vor dem die menschliche Seele gefeit wäre.

> *Kleine Weisheit ist wie Wasser in einem Glas – klar, transparent und rein.*
> *Große Weisheit ist wie der Ozean – dunkel, mysteriös, undurchdringlich.*
>
> Rabindranath Tagore

Eines Tages trifft der kleine Prinz auf einen Weichensteller, der dafür sorgt, dass die Menschen von einem Ort zum anderen gelangen. Die einen fahren nach rechts, die anderen nach links. Wie es scheint, sind die Menschen dort, wo sie sich gerade befinden, nie zufrieden. Ein Freund von mir sagte einmal, es sei sinnlos, von einem Ort zum nächsten zu hetzen, denn man wird sich selbst nicht los, wo auch immer man hingeht. Ich habe keine Ahnung, wo er inzwischen steckt, aber ich schätze, er hat recht.

Die Wahrheit, die wir auf dem Mount Everest oder in einem indischen Ashram finden, ist unsere Wahrheit – die Wahrheit, die wir selbst mitgebracht haben.

Lassen Sie mich zum besseren Verständnis eine Stelle aus Tolstois Klassiker *Krieg und Frieden* zitieren, in dem sich so einige philosophische Ideen finden:

»Die höchste Weisheit und Wahrheit ist gleichsam eine ganz reine Flüssigkeit, die wir in uns aufzunehmen wünschen«, sagte er. »Wenn ich nun ein unreines Gefäß bin und diese reine Flüssigkeit in mich aufnehme, kann ich dann über ihre Reinheit urteilen? Nur durch innere Reinigung meiner selbst kann ich die aufgenommene Flüssigkeit bis zu einem gewissen Grad rein erhalten.«

Es gibt zwei Arten zu beten: Menschen mit guten Absichten beten, die Welt möge sich ändern, um ihnen gefällig zu sein, die Erleuchteten dagegen beten um die Kraft, sich selbst zu ändern. Die Erkenntnis, dass all jene, die die Probleme der Welt lösen wollen, erst einmal ihre eigenen Probleme lösen müssen, ist von essenzieller Bedeutung.

Ein Mann saß untätig zu Hause, als es draußen zu regnen begann. Der Regen wurde allmählich stärker, und schon bald wuchs er sich zu einem richtigen Unwetter aus, samt Blitz und Donner und schweren Niederschlägen. Als der Mann merkte, dass sein Dach ein Loch hatte, schlüpfte er in seinen Mantel und trat hinaus in den Sturm. Er hob das

Gesicht zum Himmel und begann die Wolken zu verscheuchen und gegen den Wind anzupusten. »Regen! Regen!«, rief er. »Hinfort mit dir! Ergieß dich nicht auf mein Haus! Und ihr, Wolken, zieht vorüber oder bewegt euch zu mindest ein bisschen nach rechts ... ja, noch ein Stück.«

Lew Tolstoi, *Der Lesezirkel*

Sollten Sie je versuchen, es diesem Mann gleichzutun, so würden ein paar freundliche Menschen in weißen Kitteln anrücken und Sie mitnehmen. Laut Tolstoi verfahren jedoch die meisten Menschen in den meinsten Situationen so wie dieser Mann. Wenn in ihnen ein Sturm tost, dann trachten sie nicht danach, ihren »Dachschaden« zu reparieren (soll heißen, sich um ihren Geist zu kümmern und ihre aufgewühlte Seele zu beruhigen), vielmehr versuchen sie, auf ihre Umgebung einzuwirken, auf dass sie sich verändern möge.

Ganz ähnlich verhält es sich mit Leuten, die versuchen, die Welt zu retten und die Menschheit zu ändern, was ehrlich gesagt eine *mission impossible* ist. Würde aber jeder von uns die Löcher im eigenen Dach flicken, damit er innerlich zur Ruhe kommen kann, ließe sich die Menschheit als Ganzes retten. Das wussten die Weisen sämtlicher Kulturen.

Viele Menschen fürchten sich vor ihrer inneren Welt, als wäre sie ein riesiger Ozean; sie haben nicht den Mut, sich hineinzustürzen, sich dort umzusehen und Schritt für Schritt die nötigen Veränderungen vorzunehmen. Früher oder später merken zwar die meisten, dass sie von außen weder Trost noch Frieden erwarten können und sich in ihrem Inneren auf die Suche danach machen müssen. Bis dahin jedoch ziehen es viele vor, statt ihrer Seele die ganze Welt zu retten.

Tolstoi rät uns dazu, keine Revolutionen auf den Straßen anzuzetteln, das Ansinnen, die Welt zu verändern, aufzugeben und stattdessen einfach netter zueinander zu sein. Derzeit befinden sich zahlreiche Länder in Aufruhr – die Bewohner gehen auf die Straße, um politische Reformen, soziale Gerechtigkeit, Gleichheit, Freiheit und Menschenrechte einzufordern. Doch die Weisen sagen: Lenkt den Blick nicht auf eure Umwelt, sondern investiert lieber in euer Innenleben. Es wird sich lohnen.

Gandhi ging noch einen Schritt weiter, als er sagte: »Sei du die Veränderung, die du in der Welt sehen willst.« Er spricht außerdem vom Unterschied zwischen *Sein* und *Tun* und rief uns dazu auf, uns auf Ersteres zu konzentrieren.

And maybe, after all, you will reach the sky,
and maybe, after all, you will rejoice in life.
You'll thank it all, and like water you will be,
and you'll be as one with the Mercy Sea.

Kobi Aflalo

VORHANG

Was können wir also aus dem vorliegenden Buch mitnehmen? Worauf will ich eigentlich hinaus?

Meiner Ansicht nach öffnen gute Bücher (und ich kann nur hoffen, das vorliegende Werk gehört in diese Kategorie) unseren Geist für Fragen, während schlechte Bücher unseren Geist bevormunden, indem sie Antworten liefern. Bei der Lektüre von Büchern, die allerlei Antworten parat haben, fühle ich mich oft etwas über den Tisch gezogen. Ich bin der Überzeugung, dass jeder Einzelne von uns seinen eigenen Weg finden muss. Genau deshalb, aus Respekt vor meinen Lesern, biete ich keine »sieben Tipps für ein besseres Leben« oder »acht Grundprinzipien für ein glücklicheres Leben«.

In der Vergangenheit konzentrierten sich psychologische Studien meist auf den Versuch, das schreckliche Leiden eines Menschen auf ein tolerierbares Maß zu reduzieren, wie einige frühe Psychologen es formulierten. Offenbar haben sich die Zeiten zum Positiven verändert, denn inzwischen will niemand mehr leiden. Wir wollen glücklich sein und uns am Ende unseres Abenteuers auf der Erde erfüllt und zufrieden fühlen. Also haben einige Top-Psychologen die Ärmel hochgekrempelt in dem Bestreben, uns zu helfen.

Wie wir heute wissen, gibt es vieles, das unsere Lebensqualität verbessern kann: Wer positiv denkt, lebt länger; gläubige und verheiratete Menschen sind glücklicher; Geld wirkt Wunder, wenn man arm ist, bringt all jenen, die es im Überfluss haben, aber keinen zusätzlichen Nutzen; Bildung spielt, was das Glück angeht, keine Rolle, soziale Bindungen und Freundschaften dafür umso mehr;

die meisten von uns werden nachweislich mit zunehmendem Alter glücklicher; und es gibt Studien, die belegen, dass Frauen infolge einer größeren emotionalen Varianz (was auch immer das heißen soll) sowohl glücklicher als auch unglücklicher als Männer sind ...

Was machen wir nun mit dieser Vielzahl an Informationen, die größtenteils auf statistischen Analysen basieren? Wie wir alle wissen, ist Statistik eine Wissenschaft, die Aufschluss über die Wahrscheinlichkeit zufälliger Resultate bei tausend Münzwürfen geben kann, doch sie ist uns keine große Hilfe, wenn wir die Münze nur ein einziges Mal werfen dürfen. Studien kommen bei großen Gruppen zur Anwendung, bei einem einzigen Menschen dagegen geht ihre Aussagekraft eher gegen null.

Soll heißen: Es ist schön und gut, sich die Resultate akademischer Studien in Erinnerung zu rufen, aber auf der Suche nach Bedeutung und Weisheit muss jeder von uns seinen eigenen Weg gehen. Forschungsergebnisse können uns höchstens als Beschilderung dienen.

MY WAY

Statt Ihnen generelle Tipps zu geben, die quasi der kleinste gemeinsame Nenner und daher überwiegend nutzlos wären, werde ich Ihnen von meiner Reise ins Tal der großen Fragen berichten. Unterwegs habe ich mich häufig an König Salomo orientiert, dessen Weisheit unübertroffen ist, und obwohl er drei Jahrtausende vor mir lebte, haben einige seiner Empfehlungen meinen Pfad beleuchtet und mir gute Dienste als »Bedienungsanleitung« für das Leben geleistet. Das habe ich bis jetzt gelernt:

Vergnügen hat Vorrang

Alles, was deine Hand zu tun findet, das tue in deiner Kraft.

Prediger 9,10

Der weise König hält uns dazu an, unsere Möglichkeiten nach Kräften auszuschöpfen. Diese Idee ist mindestens zweitausend Jahre älter als Nietzsches Spruch, es sei besser, Dinge zu bereuen, die wir getan haben, als solche, die wir nicht getan haben, denn Letztere werden wir ewig bereuen.

Also, amüsieren Sie sich! Jeder von uns sollte einen Mann, eine Frau oder ein Kind lieben, die Dolomiten sehen, jemanden im Regen küssen, seine Memoiren schreiben, einige Philosophiebücher lesen – oder noch besser, die alten Kinderbücher wieder hervorkramen –, mit Feuereifer schwimmen, hartnäckig sein, kämpfen, unter der Dusche singen, innehalten, um eine Kirschblüte zu betrachten, eine Fremdsprache lernen, sich aufregen, wütend werden, verzeihen, traurig sein, glücklich sein, voller Bewunderung sein, staunen, beten ... Und nicht vergessen: Tun Sie alles, was Ihre die Hände zu tun finden, mit ganzer Kraft.

Süß aber ist das Licht, und gut für die Augen, die Sonne zu sehen.

Prediger 11,7

Ich sehe ihn direkt vor mir, den König Salomo im prächtigen Garten seines Palasts, auf seinem riesigen Thron zwischen bestickten Kissen sitzend, umringt von einem

Dutzend schöner Frauen mit glänzendem Haar. Es ist noch früh, hinter dem Tempel geht gerade die Sonne auf. Der König sieht sich um, betrachtet die Frauen, die rund um den Thron und zwischen den Palmen sitzen, nimmt eine Pergamentrolle und eine Feder zur Hand und schreibt: Alles ist Nichtigkeit und ein Haschen nach Wind … Alles vergeht.

Er ist hingerissen von all der Schönheit, die ihn umgibt, findet das Leben wunderbar und das Licht süß, und er genießt es, die Sonne zu sehen und alles, worauf sie scheint. Doch warum muss alles enden? Ja, er liebt das Leben leidenschaftlich, und zugleich hasst er es.

Wer die Dinge ausschließlich positiv oder negativ sieht, vereinfacht sie zu sehr. Die Herausforderung besteht darin, die Realität so zu sehen, wie sie wirklich ist.

Thich Nhat Hanh

Freunde sind das Salz des Lebens

Zwei sind besser dran als ein Einzelner, weil sie einen guten Lohn für ihre Mühe haben. Denn wenn sie fallen, so richtet der eine von ihnen seinen Gefährten auf. Weh aber dem Einzelnen, der fällt, ohne dass ein Zweiter da ist, ihn aufzurichten!

Prediger 4,9–10

Ohne Fleiß kein Preis

Süß ist der Schlaf des Arbeiters, ob er wenig oder viel isst; aber der Überfluss des Reichen lässt ihn nicht schlafen.

Prediger 5,11

Durch Faulheit der beiden Hände senkt sich das Gebälk, und durch Lässigkeit der Hände tropft das Haus.

Prediger 10,18

Don't worry, be happy

Denn wenn der Mensch viele Jahre lebt, soll er in ihnen allen sich freuen und an die Tage der Finsternis denken, dass sie viel sein werden. Alles, was kommt, ist Nichtigkeit.

Prediger 11,8

Für König Salomo war die Fähigkeit, glücklich zu sein, gottgegeben. Heutige Wissenschaftler nennen diese Fähigkeit »eine günstige genetische Disposition«. Die Bezeichnung ist nicht ausschlaggebend. Mag sein, dass die Fähigkeit, an einem düsteren, verregneten Morgen mit einem Lächeln auf den Lippen zu erwachen, genetisch bedingt ist, aber das ist sie nur zum Teil, das dürfen wir nie vergessen. Ein weiser Mensch kann lernen, glücklich zu sein und Unmut und Groll aus seinem Herzen zu verbannen.

Schluss mit Nostalgie

> *Sage nicht: Wie kommt es, dass die früheren Tage besser waren als diese? Denn nicht aus Weisheit fragst du danach.*
>
> Prediger 7,10

König Salomo rät dringend von Nostalgie ab. Sich nach der Vergangenheit zu sehnen, ist weder weise noch von Vorteil. Es ist dumm, sich einzureden, früher sei alles besser gewesen. Wenn wir uns nach der Vergangenheit sehnen, dann meist deshalb, weil wir mit dem Status quo unzufrieden sind, das weiß ich aus persönlicher Erfahrung. Die idyllische Vergangenheit, an die wir uns zu erinnern meinen, ist von der Realität oft meilenweit entfernt.

Und hier kommt einer meiner absoluten Favoriten:

Ein jeder kehre vor der eigenen Tür

> *Sei nicht allzu gerecht und gebärde dich nicht übermäßig weise! Wozu willst du dich zugrunde richten? Sei nicht allzu ungerecht und sei kein Tor! Wozu willst du sterben, ehe deine Zeit da ist? Es ist gut, dass du an diesem festhältst und auch von jenem deine Hand nicht lässt; denn der Gottesfürchtige entgeht dem allem.*
>
> Prediger 7,16–18

Auch wenn Sie im Recht sind: Reiten Sie nicht ständig darauf herum. Wir haben doch alle ein paar Leichen im Keller.

Ich kann scheinheilige Heuchler, die sich aufführen, als wären sie Engel, die eben erst vom Himmel zu uns herabgeschwebt sind, nicht ausstehen. Und ich misstraue Leuten, die andauernd mit ihren unzähligen guten Taten hausieren gehen. Die schlimmste Sorte sind die »Prediger«, die in einer Tour Vorträge über moralisches Verhalten vom Stapel lassen und allenthalben ihre ach-so-blütenweiße Weste präsentieren.

Im Herzen jedes Menschen tobt der Kampf zwischen Gut und Böse. Wir alle haben Gedanken, für die wir uns schämen, und wir alle haben Dinge getan, auf die wir nicht besonders stolz sind. Alles mit Maß und Ziel, das ist das Stichwort. Es gibt kein Schwarz oder Weiß, nur Grauschattierungen.

Prinz Antoine

Vor etwa zwanzig Jahren habe ich mir angewöhnt, bestimmte Kapitel und Passagen aus *Der kleine Prinz* immer wieder zu lesen, vor allem an Tagen, an denen mein Herz von Traurigkeit erfüllt ist und mir alles sinnlos und müßig vorkommt. Dieses poetische Buch enthält in meinen Augen etliche fundamentale Wahrheiten, und ich kann förmlich hören, wie Antoine de Saint-Exupéry zu mir sagt: Wenn irgendetwas von dem, was wir tun, eine Bedeutung hat, dann sind es die einfachen Dinge, die zugleich die wichtigsten sind – die *Dinge, auf die es ankommt*. Die Fähigkeit, noch etwas länger Kind zu sein, die Fähigkeit, jemandes Freund zu sein, und vor allem die Fähigkeit, eine einzige Blume zu lieben.

Der natürliche und der rechte Weg

Søren Kierkegaard und Simone Weil sind zwei Philosophen, die ich sehr schätze, und ich habe viele Stunden damit zugebracht, ihre Werke zu lesen und darüber nachzusinnen. Ihnen und dem amerikanischen Filmregisseur Terrence Malick verdanke ich die nun folgenden Gedanken.

Wir haben zwei Möglichkeiten, auf dem Pfad des Lebens zu wandeln: Zum einen können wir unseren natürlichen Neigungen folgen, was jedoch weder wünschens- noch empfehlenswert ist. Menschen, die so durchs Leben gehen, vergleichen sich ständig mit anderen, und ihre Herzen sind von Neid erfüllt. Sie sind aufbrausend und ärgern sich oft über andere oder sich selbst und ihr freudloses Dasein. Sie streben nach Respekt, Reichtum und Beliebtheit und haben einen Hang zu dunklen Passionen. Diese Art durchs Leben zu gehen erfordert keine große Anstrengung. Sie gleicht einem Felsklotz, der an einem Berghang talwärts rumpelt.

Doch es gibt eine Alternative. Die Menschen, die sich dafür entscheiden – oder zumindest versuchen, ihr Leben danach auszurichten –, akzeptieren jeden so, wie er ist. Mit Liebe und Mitgefühl nehmen sie alles hin, wie es ist, und sind fasziniert von jedem Aspekt der Schöpfung. Sie empfinden eine grenzenlose Dankbarkeit für ihre Existenz, der sie auch Ausdruck verleihen. Sie verurteilen, verachten oder beneiden niemanden und streben nicht nach Ruhm und Ehre. Sich für den rechten Weg zu entscheiden, ist schwierig, ihm konsequent zu folgen, noch schwieriger. Eigentlich ist es fast unmöglich. Aber allein zu wissen, dass er existiert, erfüllt mich bisweilen schon mit großer Freude, auch wenn ich selbst ihn noch nicht eingeschlagen habe.

Sobald ein Mensch den rechten Weg in seinem Herzen gefunden hat und das Reich der Liebe betritt, so Kierkegaard, wird die Welt, so makelbehaftet sie auch sein mag, vollkommen und schön. Sie besteht für ihn dann nur noch aus unzähligen Gelegenheiten zu lieben. Die Ewigkeit, so Kierkegaard, wird jedem Einzelnen von uns nur eine Frage stellen: War dein Leben von Liebe oder Verzweiflung geprägt? Verzweiflung deutet auf ein falsch geführtes Leben hin. Verzweiflung ist eine aus den Fugen geratene Sinnentleertheit. Liebe ist der rechte Weg.

Den rechten Weg zu gehen, ist im wahrsten Sinne des Wortes eine Sisyphosarbeit, und wenn man nicht aufpasst, wenn man sich auch nur eine Sekunde lang ablenken lässt, dann rollt der Felsklotz gleich wieder talwärts. Die Versuchung, den natürlichen Weg zu wählen, lauert immerzu auf uns, an jeder Ecke. Laut Simone Weil tun wir zwar selten Böses, haben aber oft böse Gedanken – Gedanken, die uns in eine Richtung führen, in die wir besser nicht gehen sollten.

Wer sich auf dem rechten Weg befindet, dem erschließt sich eine fundamentale Wahrheit. Es ist eine echte, authentische Wahrheit, nach der der Betreffende um jeden Preis leben will und für die er möglicherweise sogar den Tod in Kauf nehmen würde. Diese Wahrheit unterscheidet sich von Mensch zu Mensch: »Es gilt, eine Wahrheit zu finden, die Wahrheit für mich ist«, so Kierkegaard.

Zwischen dem natürlichen und dem rechten Weg gähnt ein tiefer Abrund, und in diesem Abgrund verbringen wir unser Leben, diesen ständigen Kampf zwischen Gut und Böse, Satan und Gott, Verzweiflung und Liebe.

Wann immer die Verzweiflung die Oberhand hat, befinden wir uns auf dem natürlichen Weg, wann immer die Liebe dominiert, erleben wir einen Augenblick der Glückseligkeit. Wenn die Liebe siegreich war und die Verzweiflung endgültig vernichtet hat, sind Sie auf dem rechten Weg.

Die Entscheidung liegt also bei uns, wann immer sich der Weg vor uns teilt. Und die Dinge, auf die es ankommt, werden unseren Lebenspfad beleuchten.

Bon voyage.

GLÜCK – EINE ZUSAMMENFASSUNG:

A. Glück ist Sinn und Zweck des Lebens.

B. Manche von uns erleben beim Bungee-Jumping den ultimativen Kick, für andere gilt das Motto trautes Heim, Glück allein. Manch einer ist glücklich, wenn er in einem Konzertsaal sitzen und klassische Musik hören kann, während für andere das Geschrei von Kindern auf einem Spielplatz Musik in ihren Ohren ist. Manche von uns finden es erhebend, komplizierte mathematische Gleichungen zu lösen, während für andere eine ausgefallene Mathestunde eine glückliche Kindheitserinnerung ist. Und so weiter.

C. Es gibt kein Patentrezept fürs Glücklichsein, und auf dem schmalen Pfad ins Glück ist kaum je Platz genug für zwei Menschen zugleich.

D. Wissen ist unabdingbar, wenn man eine Differenzialgleichung lösen, eine Trüffelpastete à la Robuchon zubereiten oder eine Rakete ins All schießen will. Beim Streben nach Glück dagegen ist es ziemlich nutzlos. Alle Raucher wissen, dass Rauchen ungesund ist, und was nützt es ihnen?

E. So seltsam es klingen mag: Wir wissen meist nicht, was uns glücklich macht.

F. Wenn wir morgens feststellen, dass in uns kein Morgen erwacht, ist es das Beste, sich umzudrehen und noch ein, zwei Stunden im Bett zu bleiben. Oder fünf. Oder zehn.

G. Das Nichtstun an sich ist gar nicht so schwer. Die meisten können es. Die große Herausforderung besteht darin, deswegen keine Schuldgefühle zu bekommen.

H. Es ist sehr wichtig zu wissen, wann man handeln sollte und wann man den Dingen besser ihren Lauf lässt.
I. Wenn wir uns ärgern, bestrafen wir uns für unsere eigene Dummheit.
J. Es ist wissenschaftlich erwiesen, dass Menschen, die immer gleich auf hundertachtzig sind und oft die Beherrschung verlieren, eine kürzere Lebenserwartung haben. Gewöhnen Sie sich also an, sich nur aufzuregen, wenn die Chance besteht, dass Sie damit etwas ändern können.
K. Jeder, der lange genug auf diesem Planeten gelebt hat, weiß, dass Pessimismus die uns angeborene, natürliche Lebenseinstellung ist. Negatives Denken ist ein Selbstläufer, vergleichbar mit einem Fels, der über einen Abhang in die Tiefe kollert. Den Felsklotz nach oben zu befördern, sprich, positiv zu denken, ist deutlich beschwerlicher.
L. Es kommt vor, dass ganz normale Menschen, die ein gemütliches, gleichförmiges Leben führen, eines Tages innehalten und sich fragen, warum sie eigentlich die Dinge tun, die sie schon seit Jahren tun.
M. Ein guter Mensch zu sein, ist viel einfacher, als gute Gedanken zu denken.
N. Je mehr Fehler wir an anderen entdecken, desto mehr haben wir selbst.
O. Wir machen uns etwas vor, wenn wir denken, wir könnten uns ungewollter Emotionen jederzeit problemlos entledigen. Das zu glauben, wäre ausgesprochen arrogant – nicht alles ist dem Willen und den Wünschen der Menschen unterworfen.
P. Es ist immer eine gute Idee, sich mal eine Auszeit und einen Happen zu essen zu gönnen und sich ein

wenig auszuruhen, indem man ein, zwei Stunden nichts tut.

Q. Bescheidenheit und Demut sind nicht dasselbe: Bescheidenheit entpuppt sich oft als verkappter Stolz, wahre Demut dagegen ist die wohl seltenste menschliche Eigenschaft – und die schönste.

R. Größenwahn und Minderwertigkeitskomplexe gehen oft Hand in Hand.

S. Ohne »trotzdem« wird eine Liebe, die auf »weil« oder »wegen« basiert, nicht allzu lange halten.

T. Die erste Liebe hat etwas Magisches, denn nur, wenn man sich das allererste Mal verliebt, ist man ganz sicher, dass es auch das letzte Mal sein wird.

U. Zeit ist selbstverständlich relativ – Augenblicke des Glücks statten uns zumeist nur eine kurze Stippvisite ab, während sich Kummer und Betrübtheit oft lange bei uns einnisten und sich nicht mehr vertreiben lassen.

V. Vielen Menschen ist es ausgesprochen unangenehm, wenn man auch nur in einem Nebensatz auf den Tod zu sprechen kommt. Aber wir können noch so hartnäckig versuchen, ihn zu vergessen, *er* vergisst *uns* nicht. Alle Bewohner der Stadt, in der wir leben, alle Menschen, die uns auf der Straße begegnen, sämtliche Bekannte von uns werden irgendwann in die ewigen Jagdgründe eingehen, wie es so schön heißt.

W. Zu Wissen, dass der Tod auf uns wartet, kann uns dabei helfen, ein besseres Leben zu führen und uns mit den Dingen beschäftigen, die wirklich wichtig sind. Wir sollten unser Leben so gestalten, dass wir auf dem Sterbebett kein grenzenloses Bedauern verspüren, weil unsere Zeit auf der Erde sinnlos und vergeudet war.

X. Ist das Leben nun also nur Sinnlosigkeit und Leid oder unfassbare Glückseligkeit und grenzenlose Schönheit? Es ist beides.

Y. Im Herzen jedes Menschen tobt der Kampf zwischen Gut und Böse. Wir alle haben Gedanken, für die wir uns schämen, und wir alle haben Dinge getan, auf die wir nicht besonders stolz sind. Es gibt kein Schwarz oder Weiß, nur Grauschattierungen.

Z. Jeder von uns sollte im Laufe seines Lebens zumindest einmal einen Mann, eine Frau oder ein Kind lieben, die Dolomiten sehen, jemanden im Regen küssen, seine Memoiren schreiben, einige Philosophiebücher lesen – oder noch besser, die alten Kinderbücher wieder hervorkramen –, mit Feuereifer schwimmen, hartnäckig sein, kämpfen, unter der Dusche singen, innehalten, um eine Kirschblüte zu betrachten, eine Fremdsprache lernen, sich aufregen, wütend werden, verzeihen, traurig sein, glücklich sein, voller Bewunderung sein, staunen, beten ...

Es ist besser, Dinge zu bereuen, die wir getan haben, als solche, die wir nicht getan haben, denn Letztere werden wir ewig bereuen.

DANKSAGUNG

Mein Dank gebührt in erster Linie Ethan Jonathan Ifeld für sein Vertrauen in mich und mein Buch, das ohne ihn gar nicht entstanden wäre.

Ein großes Dankeschön auch an Bob Saxton für sein behutsames und umsichtiges Lektorat des vorliegenden Werks.

Mein persönlicher Dank gilt außerdem Deborah Hercun, Jillian Levick, Jo Lal und Gail Jones und allen bei Watkins, die sich mit meinem Buch abgerackert haben – ich weiß es zu schätzen und bedanke mich aus tiefstem Herzen.

Zu guter Letzt danke ich meiner Agentin Vicky Satlow und meinem lieben Freund Ziv Lewis für ihr Vertrauen in das vorliegende Werk und für die zahlreichen Stunden, die sie in dieses Projekt investiert haben.

Danke!

ANHANG

Kapitel 1 Glück

S. 15

Das imaginäre Heine-Zitat basiert auf seinem berühmten Ausspruch »eine bescheidene Hütte, ein Strohdach, aber ein gutes Bett, gutes Essen, Milch und Butter, sehr frisch, vor dem Fenster Blumen, vor der Tür einige schöne Bäume, und wenn der liebe Gott mich ganz glücklich machen will, läßt er mich die Freude erleben, daß an diesen Bäumen etwa sechs bis sieben meiner Feinde aufgehängt werden«.

S. 37

Das Zitat, das mit den Worten »Wenn wir mit Gott sprechen« beginnt, stammt aus dem Bühnenprogramm *In Search for Signs of Intelligent Life in the Universe (Auf der Suche nach Hinweisen auf intelligentes Leben im Universum).*

S. 41

Fight Club ist ein Film des Regisseurs David Fincher aus dem Jahr 1999. Das Drehbuch stammt von Jim Uhls und basiert auf dem gleichnamigen Roman von Chuck Palahniuk.

S. 48

Das genaue Zitat von Colin Wilson zum Thema Pessimismus lautet: »It is to be suspected that literary pessimism is usually an expression of intellectual laziness« (»Es liegt der Verdacht nahe, dass literarischer Pessimismus zumeist ein Ausdruck intellektueller Faulheit ist«, und stammt aus seinem Buch *The Strength to Dream: Literature and the Imagination*, Boston, Mass., und London, 1962.

Kapitel 2 Emotion und Leidenschaft

S. 80

Alle Zitate aus Saint-Exupérys *Der kleine Prinz* stammen aus der deutschen Übersetzung von Grete und Josef Leitgeb.

S. 112

Anatevka (englischer Originaltitel: *Fiddler on the Roof*), ein Film-Musical des Filmregisseurs und Produzenten Norman Jewison, ist eine Adaption des 1964 am Broadway uraufgeführten Musicals *Fiddler on the Roof* (Musik: Jerry Bock, Texte: Sheldon Harnick, Buch: Joseph Stein). Die literarische Vorlage bildete die Geschichte über Tevye den Milchmann von Sholem Aleichem (alias Solomon Naumovich Rabinovich).

S. 113

Wall Street: Geld schläft nicht ist ein Film des Regisseurs Oliver Stone. Das Drehbuch stammt von Allan Loeb und Stephen Schiff.

Kapitel 4 Die Liebe und der schlaue Fuchs

S. 146

Die beiden Zitate aus Tolstois Werk *Anna Karenina* stammen aus der deutschen Übersetzung von Hermann Röhl.

Kapitel 5 Auf der Suche nach der verlorenen Zeit

S. 167

Das »Shapira-Gefen-Prinzip« wurde erdacht von Haim Shapira und Baruch Gefen, dem Übersetzer des vorliegenden Werks ins Englische.

S. 173

Die Studie von Professor Yang Yang wurde veröffentlicht in *Social Inequalities in Happiness in the United States, 1972 to 2004: An Age-Period-Cohort Analysis, American Sociological Review, 73 (2), 204–26.*

Kapitel 6 Von Weisheit und Bedeutung

S. 196

Die Passage aus Tolstois *Krieg und Frieden* stammt aus der Übersetzung von Hermann Röhl.

BIBLIOGRAFIE

Die folgende Auswahl ist keine Bibliografie im herkömmlichen Sinne, sondern eher eine Auflistung jener Lieblingsbücher, die mich beim Schreiben des vorliegenden Werks beeinflusst haben.

Agnon, S. Y., *Gestern, vorgestern*, Frankfurt 1969

Aurel, Marc, *Selbstbetrachtungen*, Stuttgart 1986

Ben-Shahar, Tal, *Choose the Life You Want: The Way to Lasting Happiness Moment by Moment*, New York 2009

Botton, Alain de, *Trost der Philosophie: Eine Gebrauchsanweisung*, Frankfurt am Main 2002

Camus, Albert, *Der Mythos des Sisyphos*, Reinbek 2000

Carroll, Lewis, *Alles über Alice*, Zürich 2002

Carroll, Lewis, *The Complete Works of Lewis Carroll*, New York 2005

Dick, Philip K., *Blade Runner*, Frankfurt 2014

Dostojewski, Fjodor, *Aufzeichnungen aus dem Kellerloch*, Ditzingen 1986

Dostojewski, Fjodor, *Der Spieler*, Ditzingen 2000

Epikur, *Philosophie der Freude*, Berlin 1988

Gilbert, Daniel, *Ins Glück stolpern*, München 2008

Heschel, Abraham Joshua, *Gott sucht den Menschen: Eine Philosophie des Judentums*, Neukirchen-Vluyn 1995

Huxley, Aldous, *Die ewige Philosophie: Philosophia perennis*, Freiburg 2008

Kierkegaard, Søren, *Der Liebe Tun. Etliche christliche Erwägungen in Form von Reden*. München 1966

Lem, Stanisław, *Solaris*, Hamburg & Düsseldorf 1972

Milne, Alan Alexander, *Pu der Bär*, Hamburg 2003

Nietzsche, Friedrich, *Menschliches, Allzumenschliches*, München 1999
Pascal, Blaise, *Gedanken*, Ditzingen 1997
Rochefoucauld, François de La, *Maximen*, Ditzingen 2012
Saint-Exupéry, Antoine de, *Der kleine Prinz*, Düsseldorf 1950 und 2014
Schopenhauer, Arthur, *Schopenhauers Aphorismen zur Lebensweisheit*, Frankfurt 1917
Sogyal Rinpoche, *Das tibetische Buch vom Leben und vom Sterben: Ein Schlüssel zum tieferen Verständnis von Leben und Tod*, München 2011
Szymborska, Wisława, *Nonrequired Reading*, Boston, Mass. 2002 (polnisches Original 1973)
Tolstoi, Lew N., *Wieviel Erde braucht der Mensch? Erzählungen und Legenden*, Frankfurt 1989
Tolstoi, Lew, *Der Tod des Iwan Iljitsch*, Berlin 2002
Weil, Simone, *Schwerkraft und Gnade*, München 1989
Whitman, Walt, *Grasblätter*. Gesamtausgabe, München 2009
Wittgenstein, Ludwig, *Philosophische Untersuchungen*, Berlin 2003